扇底风未尽

扇子小史

常方舟 著

WAVING IN THE BREEZE

A LITTLE HISTORY OF THE FAN

海峡出版发行集团 | 福建人民出版社
THE STRAITS PUBLISHING & DISTRIBUTING GROUP | FUJIAN PEOPLE'S PUBLISHING HOUSE

图书在版编目（CIP）数据

扇底风未尽：扇子小史/常方舟著. --福州：福建人民出版社，2021.10

ISBN 978-7-211-08769-3

Ⅰ.①扇… Ⅱ.①常… Ⅲ.①扇－文化史－中国 Ⅳ.①K875.24

中国版本图书馆CIP数据核字（2021）第225939号

扇底风未尽：扇子小史

SHANDI FENGWEIJIN：SHANZI XIAOSHI

作　　者：常方舟

责任编辑：郑翠云

出版发行：福建人民出版社　　**电　　话：**0591-87533169（发行部）

网　　址：http://www.fjpph.com　　**电子邮箱：**fjpph7211@126.com

地　　址：福州市东水路76号　　**邮　　编：**350001

经　　销：福建新华发行（集团）有限责任公司

印　　刷：福建省金盾彩色印刷有限公司

地　　址：福州市金山浦上工业区D区24幢

开　　本：889毫米×1194毫米 1/32

印　　张：6.625

字　　数：122千字

版　　次：2021年10月第1版　　2021年10月第1次印刷

书　　号：ISBN 978-7-211-08769-3

定　　价：49.00元

目录 Contents

001 引言

003 早期扇史的两个面向：实用扇与仪仗扇

018 哪个更高贵：羽扇和麈尾之争

032 团扇的女怨主题和书画传统

049 精致小品：两宋的纨扇书画

064 北宋折扇谜云：折团扇的暗影

076 元明之际折扇与团扇势力之消长

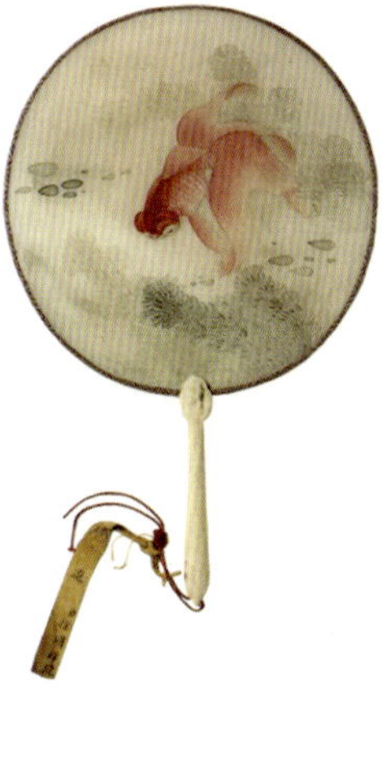

093 卷舒之间咫尺千里：吴门画派的折扇山水画
108 近世扇业的崛起
122 近代女性消费主义的先驱：从《少奶奶的扇子》说起

137 东邻风物：和扇的流变
149 欧西扇语：跨越千年的瑰丽梦想
164 社会风尚和装饰艺术互动视域中的欧美扇绘
178 东方奢侈品：外销折扇在欧洲

193 流风遗韵：说不尽的扇文化

引言

扇子在古代是一种实用性很强的工具，无论是拂尘驱虫、招风纳凉，还是生烟点火、遮止视线，抑或者是书写传讯、接引承物，扇子在日常生活中的用途颇为广泛。然而，它又不仅仅是人们趁手的生活用品，在漫长的衍化过程中还被赋予了越来越丰厚的文化价值。

以扇为题进行歌咏，赠扇赐扇奉扬仁风，在扇面上题书作画……扇子在社会交往活动中获得的附加属性和内涵愈加丰富。名士握扇剧谈风雅，闺阁秀女执扇暗掩情思，文人墨客画扇挥毫泼墨，尽管这些人物身份和场景要素的搭配有陷入刻板印象的嫌疑，但也从侧面反映了扇子的“宜人性”是如此之高，在各类鲜活的历史场景中都可以找到它适用的形态。扇子的形制变迁也为它在社会身份流动之中的自由舒展提供了多元的选择。由于制作材质的易朽，早期的扇子实物鲜少完整地留存下来，但大量的文献资料和考古发现的吉光片羽，已经足够让我们尽情怀想能工巧匠的精致手笔。诸葛亮借东风的羽扇，其历史原型更可能是彰显名士风流的一柄麈尾。两宋的团扇书画以虫鱼鸟兽为主，而明清折扇更多地寄托了文士的山水写意，这背后不仅有着审美趣味的差异，也是不同历史阶段时代精神和人文理想的投射。

正是扇子厚重的文化底色，使它和那些真正的纯粹的日常生活用品区隔开来。没有扇子，可能也不妨碍大众如常的生活，但总感觉好像缺了点什么。如果想要在中华传统文化之中找出一件和扇子一样本身可有可无却曾经强势介入日常生活，文化内涵和实用功能平分秋色甚至有过之而无不及的物件，似乎也没有这样的对等之物。这就是扇子、扇史和扇文化的迷人之处。

尽管中华扇文化具有独特的传统和魅力，扇子并不是单个文明圈子所独有的产物，它的诞生和演变几乎与人类整个的文明史同步。扇子的发明有先后，但它本身也像一面多棱镜，对扇子的制作和使用偏好，能够折射出不同地域和国家的文化基底。全球扇文化既有融会贯通的共性，也有迥异纷呈的个性。古埃及法老王图坦卡蒙墓中出土的华丽金扇，曾经让全世界为之惊艳。在十字军东征、教皇的游行队伍和佛朗明哥的明媚舞步中，也都能看到扇子留下的痕迹。扇子的制作中心在欧洲大陆几经迁转，几乎也昭示着文化艺术和经济贸易中心的变换。“扇语”的发明和在营销上具有的风向标意义，寓示着性别意识和消费主义的暗流涌动。作为社交场合女士必备的时尚单品，来自西方的羽扇在近代中国甚至也曾经掀起一股追捧资产阶级生活方式的浪潮。

作为一种重要的文化产品，扇子以及扇文化交流所激发出的火花特别绚丽。其中，尤其引人注目的是扇子在古代东亚文化圈之间的不断流转：起初，日本早期的扇子在形制上大多仿照中国汉代的团扇，但到了10世纪末，日本国原创的蝙蝠扇作为贡品流入中国，并成为后世扁折扇的雏形。蝙蝠扇的扇面直接粘贴在扇骨上，扇骨在单侧完全裸露，而明代的折扇在工艺上又有革新，将扇骨完全插入到扇面之中，正反两面都看不到扇骨。后来，这种新型折扇在明朝时期又反向输入日本，被日人称为“唐扇”。这一道扇史上亮丽而别致的风景，只有放在中长时间段的历史周期和比较文化的视野之中进行考察，才有可能被揭示。此外，从18世纪到19世纪上半叶持续外销的广州折扇也是东西文化交流史上一场美丽的交汇。这些特殊的折扇本就是为了销往欧洲大陆的目的而制作，融合了在地的匠人直觉、殊异性的民族语言、创新的工艺美学，形塑了特定历史情境下的尤物。来自中国和日本的折扇在欧西大陆点缀着异域风情，迎合了当时欧洲人对东亚文化趣味的想象。也正是不同文化背景的族群对异化图景的追慕，催生了长达一个多世纪的精巧绝伦的瑰丽印象。

扇子的漫长历史和丰富内涵，为关于它自身的讨论设置了不少障碍。从历史的角度来看，扇的定义相当宽泛，对它的指称也往往变动不居，这为文献资料的梳理和归类带来了辨析上的困难，却也增添了一些查考求索的趣味。比如，折扇在本土出现的时间始终未有定论，两宋时期的笔记和诗文中出现的折叠扇是否就是后来的扁折扇，往往需要具体问题具体分析，有一些的确是从日本国和高丽等地流入的折扇成品，但更多的却是指涉另外一种现在已经基本销声匿迹的折团扇。元明之际折扇山水画受到日本扇画的影响，部分主题和构图在日本扇和屏风之中可以找到隐约的对应，而据传早期的屏风就是从要扇（腰扇）演化发展而来的。但是，早在《南齐书》中就出现的“要扇”一词，曾经引发后人对其形制的巨大争议。这些都需要在同时期相关材料的辨别和分析中，得出谨慎而相对确切的结论。

自从电风扇被发明以来，扇子的实用空间已经受到了很大的挤压。不过，由于扇子的文化属性向来异常突出，实用功能的缩水对它所承载的文化价值并没有太多的减损，反而多了一层雅化风物的滤镜。但扇子还远远没有到只能退居博物馆的地步，它还在被使用，被讨论，被呈现，被讲述。当我们在时尚、建筑、文学、工艺等不同领域碰触到扇子以及它的符号化意象，难免会有那么一瞬间的恍神，让我们重新回到个体知识和记忆中那个具体的原初的物象。这本小书尝试打开的只是扇文化的冰山一角，海平面底下的富丽堂皇还等待着被更多有缘人重新发现和体味。“用物虽微末事，然古人云，一举一动，亦足觇人之学问与志趣焉。”扇子虽是小物，在文化史上却也有一席之地。

扇子的流风雅韵，说不尽；扇子的趣闻佚事，讲不完。扇底风，纵千年，未曾止歇。

早期扇史的两个面向：实用扇与仪仗扇

扇子在中国的发明和发展历史悠久，史上文献可征者亦众。相传早在三皇五帝的远古时代，就已经有了发明和使用扇子的记载。西汉董仲舒《春秋繁露》云：“以龙致雨，以扇逐暑。”扇子是招风纳凉的便捷工具，用扇的习俗古已有之。自古以来，扇子的用途也非常广泛，从实用工具到制度礼器，在古代社会的文化、宗教、政治等要素中随处可见其身影。

扇子的前身及其名称非常丰富。比如，周代墓葬仪式中使用的扇翣，《汉书》提到张敞“便面拊马”，魏晋名士使用的麈尾，都曾是扇子的某种变体。本土扇在诞生伊始就已经分化出了实用扇和仪仗扇的区别：一方面，扇子可以引风、遮阳、驱虫、去尘、遮面或防窥；另一方面，

晋顾恺之《洛神赋图》（宋摹本，故宫博物院藏）

描绘曹操之子、陈王曹植在洛水河边与洛水女神相逢的情景。此为画卷后段，描述的是洛神驾车离去，玉鸾、文鱼、鲸鲵等珍禽异兽相伴左右，洛神回首张望，依依不舍。此图中曹植侍从所举即为仪仗扇

在其实用性的基础上，扇子也衍生出了更为丰富的文化属性，仪仗扇就是其中的典型代表。

晋人崔豹《古今注》一书中提供了许多有关早期扇史的资料。他提到，本土最早的扇子是由舜发明的：“五明

扇，舜作也。既受尧禅，广开视听，求贤人以自辅，故作五明扇也。”相传舜发明五明扇的初衷，是为了广开视听，吸引人才前来辅佐。也有人说，是黄帝发明了扇子：“黄帝内传亦有五明，是扇以五明而起也。”（明王三聘《事物考》卷七）无论如何，最初诞生的扇子是五明扇，其形制虽已不可详考，但它昭示了扇子的发明从一开始就兼重实用价值和社会文化属性。在秦汉时期，公卿大夫都可以使用这种五明扇。而到了魏晋时代，五明扇已经发展为一种仪仗扇，其形制也更接近于雉尾扇，只有乘车出行的贵族才有资格使用。

从名物的词源上来看，最早用来指称后世扇子这种实物的词叫作“箑”。根据《说文解字》，箑是一个典型的形声字：“扇也，从竹，疌声”。“箑”字从“竹”，说明早期的扇子是用竹子编织而成的，又由于它主要依靠人手的极速摆动而生风，故为“疌”声。而“扇”这个字一开始并不是用来指称生风工具的，在《说文解字》中被释为“扉也，从户、羽”，指的是建造屋舍时能够开阖的一种门户结构。东汉扬雄《方言》谓：“扇，自关而东谓之箑，自关而西谓之扇。”郭璞注云：“今江东亦通名扇为箑，音篓。”差不多到了东汉的时候，这种用来生风取凉的工具已经通名为扇，也叫便面。此外，早期同时还存在一种叫翣的名物，东汉末刘熙《释名》认为翣和扇不过是对同一物在语言称谓上的差别指称：“翣，齐人谓扇为翣，此似之也，象翣扇为清凉也。”

山西太原北齐徐显秀墓壁画

壁画中右上部扇形物即为羽翣，由禽类羽毛制成

事实上，翣这个字也有自己的历史，最初并不是用来指扇子这种招风的用具。殷商时期就出现了被称作“翣”（音与“箑”同）的丧葬用品，只是它的形制和后来的扇子相当接近。《淮南子》注中提到，翣在周代主要被用作棺椁的饰物，而且根据葬者的地位决定其使用数量的多少，具备区别尊卑的特征，成为传统丧葬文化的组成部分。《说文解字》云：“翣，棺羽饰也。天子八，诸侯六，大夫四，士二。”

根据墓主地位的差异用翣，显示了其在礼制中的实际作用。关于翣的具体形制，在早期的文献当中也能找到很细致的描述："翣以木为筐，广三尺，高二尺四寸，方，两角高，衣以白布。画者，画云气，其余各如其象。柄长五尺，车行使人持之而从，既窆，树于圹中。"（《周礼》郑玄注）翣有木框，其面以白布制成，上面往往还装饰着云纹，它的长柄在护送棺木时用来手持，棺木下葬之后，翣就被树立在墓穴之中。实际上，根据现代出土的考古实物来看，翣的材质多种多样，比如周代所使用的翣有用铜片的，有用羽毛的，也有用竹片的。至于翣上的图纹样式，也非常丰富，有黼、黻、龙、云，等等。后来，由于形制和作用上的近似，就出现了扇翣等组合词，翣也逐渐成为扇的别称。

扇子在后世也有直接被用作陪葬品的例子，如《旧唐书》云："准式，公主、王妃已下葬礼，惟有团扇、方扇、彩帷锦障之色。"在现代考古发现中，不同历史阶段的墓的陪葬品中也发现了大量的扇子实物。

从汉代开始，出现了模仿雉尾制成的长柄障扇："障扇，长扇也。汉世多豪侠，象雉尾而制长扇也。"（崔豹《古今注》）障扇之障，顾名思义，就是障取遮蔽。起初，这种长柄障扇的主要功能是用来蔽日障尘，从《古今注》的记录来看，一开始的使用者是汉代的豪侠之士，到了魏晋时期，障扇却成为当时贵族乘舆制度的一环，被用来遮挡一定级别的舆车，既有蔽尘的作用，也有障面的功能。

早在东晋时期，本土的制扇工艺已经达到了很高的水准，比如有一柄叫作莫难扇的名扇，可谓精雕细琢、巧夺天工：“石虎作云母五明金箔莫难扇，此一扇之名也。薄打纯金，如蝉翼，二面采漆画列仙、奇鸟、异兽。其五明方中辟方三寸，或五寸，随扇大小。云母帖其中，细缕缝其际，虽罨画而彩色明徹，看之如谓可取，故名莫难也。虎出时，以此扇夹乘舆。”（《邺中记》）石虎是十六国时期后赵的国君，生活奢侈无度。这柄莫难扇的扇面薄如蝉翼，用纯金打造，绘有彩色漆画，而每逢石虎出行的时候，都会用它作为装饰，可见仪仗扇在当时的发展水平。

早期的障扇一般都是用鸟羽制成，属于雉尾扇，即羽毛扇的一种：“古者扇翣，皆编次雉羽或尾为之，故于文从羽。唐开元改为孔雀。”（《宋史·仪卫志》）到了唐代，由孔雀羽制成的长柄障扇已经成为天子仪仗不可或缺的一部分：“人君举动必以扇……雉尾扇八，夹伞左右横行，次小雉尾扇、朱画团扇，皆十二，左右横行。”（《新唐书·仪卫志》）他如太子及后宫嫔妃出行，亦须按照地位使用不同规格的障扇。这里提到的朱团扇也是一种长柄扇，规格上要次于雉尾障扇，如《格致镜原》引《宋朝会要》云：“朱团扇本汉时长柄扇。宋孝武时，诏王侯障扇不得用雉尾，故王公以下有朱团扇”。

障扇也被称作“掌扇”，据宋人程大昌《演繁录》所云“今人呼乘舆所用扇为掌扇”，可见宋代的仪仗扇也被称作掌扇。此外，掌扇也是唐代内廷职官名称之一。到清代的时候，福建盛产一种掌扇，是大小如手掌的极薄的小型扇子。清人方以智《通雅》云：“今闽中有金漆竹掌扇薄如纸者，内外士夫皆得用之。”而清人笔记《柳南随笔》卷三则记录了苏州当地的嫁娶风俗：“苏俗娶妇者，不论家世何等，辄用掌扇、黄盖、银瓜等物，习以为常，殆十室而九，而掌扇上尤必粘‘翰林院’三字。”当时，家家户户都喜欢用翰林院制式的掌扇来撑排场，这里的掌扇又回归到了长柄仪仗扇的序列之中。清代袁枚《随园随笔》卷九“掌扇腰扇”条则云：“今贵人街行有持大扇遮太阳者，号掌扇。”袁枚所说的掌扇同样是指遮阳的仪仗扇。

在唐代，定期举行一种叫“朔望朝”的朝会，即皇帝在每个月的朔望分别上殿听政。在唐玄宗开元年间，当时的宰相萧嵩就提出了在此朝会上增加羽扇的要求：“臣以为宸仪肃穆，升降俯仰，众人不合得而见之，乃请备羽扇于殿两厢。上将出，所司承旨索扇，扇合，上座定，乃去扇。给事中奏无事，将退，又索扇如初，令以常式。”（《唐会要》卷二十四“朔望朝参”）按照朝会的一般规程，此前皇帝需要步行登殿上座，萧嵩认为臣子看到这些过程会有损帝王的威仪，就要求在皇帝入座前增设左右各三的六柄合扇，遮挡龙颜，待其坐定以后左右再移开扇子，皇帝起座前后也是如此。这里提到的羽扇就是长柄障扇，被用来强化和渲染皇权的威严，如杜诗“云移雉尾开宫扇，日绕龙鳞识圣颜”，所云即此。这一朝会合扇的风俗延续到了宋代，在《宋史·礼志》中也有记载。宋初王禹偁亦有诗云："乾元门上赭袍光，雉扇初开散御香"，同样描绘了长柄障扇依次移开对皇权威仪造成的加持效果。《宋史·仪卫志》也明确解释说："盖谓天子升降俯仰，众人皆得见之，非肃穆之容，故必合扇以障焉。"伴随时代的演进，障扇的形状也发展出了不同的样式，有椭圆形、方形、矩形等。历朝历代仪仗扇的使用，在材质、规格、数量、场合等也都有不同的要求。

此外，早期还有一些作用类似障扇的用具。比如，商代贵族乘坐的一种马车上就设有"扇汗"，它的形状接近于后

唐代阎立本《步辇图》（故宫博物院藏）

该画幅描绘的是唐太宗李世民在宫内接见松赞干布派来的吐蕃使臣的情景。李世民端坐在由六名宫女抬着的坐榻（又称步辇，图画即以此为名）上，另有三个宫女分别在前后掌扇和持华盖

世的伞盖。虽然扇汗的实际用途是遮阳，但它同时也是身份的象征，并非人人可以使用。差不多到南北朝以后，扇汗的使用逐渐稀少，其名称也被更为准确的旌旗、华盖等取代。而扇子的另一名称——便面，最初是一种用来遮脸的扇状物，最早的记录来自《汉书·张敞传》：“然敞无威仪，时罢朝会，过走马章台街，使御吏驱，自以便面拊马。”唐代颜师古注解曰：“便面，所以障面盖扇之类也。不欲见人，以此自障面，则得其便，故曰便面，亦曰屏面。今之沙门所持竹扇，上袤平而下圆，即古之便面也。”便面和与它同时代存在的障扇等物的区别在于柄的长短，长柄为障扇，短柄为便面。另外从颜注也可以看出，唐代僧人在当时常常使用上平下圆的短柄竹扇。尽管早期的便面不完全是扇子，但便面在唐宋以后也成为扇子的别称。

《三国志·魏书》记载了一则以扇障面的实例：“韩宣字景然，勃海人也。为人短小。建安中，丞相召署军谋掾，冗散在邺。尝于邺出入宫，于东掖门内与临菑侯植相遇。时天新雨，地有泥潦。宣欲避之，阂潦不得去。乃以扇自障，住于道边。”韩宣任职的丞相军谋掾是参与军事策划的一个官职，而临菑侯植就是曹植。韩宣为人非常正直，不喜欢阿谀奉承，看到曹植也不愿上前行礼，但因为走道狭窄又泥泞只好用扇子遮住脸。虽然扇子在这里起到了折中的作用，曹植仍然责难了韩宣一番，最终韩宣以善巧的辩才为自己化解了困境。

扇子不仅可以用来遮面，而且还有避人耳目的功能。《晋书》曾记载晋武帝贪欢好色之状："泰始中，帝博选良家以充后宫。先下书禁天下嫁娶，使宦者乘使车给驺骑驰传州郡召充选者，使后拣择。后性妒，惟取洁白长大，其端正美丽者并不见留。时卞蕃女有美色，帝掩扇谓后曰：'卞氏女佳。'后曰：'蕃三世后族，其女不可枉以卑位。'帝乃止。"晋武帝亦自知此番私语并不很得体，故以扇自障其面而语。

两晋时期的高门士族推崇含蓄蕴藉的风致，扇子即为表达婉约委曲的绝佳用具。《世说新语·品藻》云："王大将军在西朝时，见周侯，辄扇障面不得住。后渡江左，不能复尔。王叹曰：'不知我进伯仁退。'"王大将军指的是王敦，周侯则是指武城侯周伯仁。在西晋的时候，王敦每次见到周伯仁，都会用扇子遮住自己的脸，表达对后者的尊重和敬畏之情。但是东晋建立以后，拥立晋元帝而有从龙之功的王敦权势越来越大，他再见到周伯仁以后就不再这么做了。是否以扇遮面，这一细节举止的变化预示着两人地位高低形势的转变，这里的进退也隐喻了两人在政治势力上的消长，最终周氏为王敦所杀。王敦发动叛乱殒身之后，他的势力大部分为其从弟王导所接受和继承，而王导也擅长使用"扇语"："庾公权重，足倾王公。庾在石头，王在冶城坐。大风扬尘，王以扇拂尘，曰：'元规尘污人。'"（《世说新语·轻诋》）庾公指庾亮，字元规，由于琅琊王氏的势力有所削弱，以庾亮为首的颍川庾氏权势滔天，庾、王两人遂展

河北东平东汉墓中墓主人执便面

画中人右手执便面，该便面柄短，一端与柄相连，另一边为圆弧形的曲线

开了激烈的权力斗争，王导就借用挥扇拂尘之事来影射庾氏品格卑劣。

魏晋南北朝的史书曾经记录过一种此前鲜少出现的“要扇”。东晋张敞《东宫旧事》云：“皇太子初拜，供漆要扇青竹扇各一。太子纳妃，同心扇三十，单竹扇二十。”在举行重要仪式的场合，要扇、竹扇、同心扇都是必备物品。关于这种要扇的形制，曾经发生过不少争议。在传统的祭祀仪式中，有所谓“屏摄之位”的要求（出自《国语》），有人就把这里的“摄”解释成要扇：“周氏云：屏，并也，摄主人之位。昭谓屏，屏风也。摄，形如今要扇，皆所以明尊卑为祭祀之位，近汉亦然。”（韦昭《国语韦氏解》）另外一条涉及“要扇”的重要材料来自《南齐书·刘祥传》：“司徒褚渊入朝，以腰扇障日。祥从侧过，曰：‘作如此举止，羞面见人，扇障何益？’”司徒褚渊举扇自障是为了遮阳，而刘祥却把他的动作解读成羞于见人，这是为了故意羞辱他。由于司徒褚渊累世仕于刘宋，但在萧齐废帝自立的时候却变节劝进，并在假意拒绝后被拜为司徒，所以刘祥才会对他出言讽刺。对此中提到的“腰扇”，胡三省《资治通鉴》注云：“腰扇，佩之于腰，今谓之折叠扇。”这个注解就导致后来不少人误会折叠扇在南朝的时候就已经出现了，或者把这条注释作为折叠扇古已有之的凭证。明人朱之瑜就指出，该注解存在很大的问题：“腰扇注不通之极。外官用伞，京官用扇，道上则大扇，入朝则小扇，谓之腰扇。其制

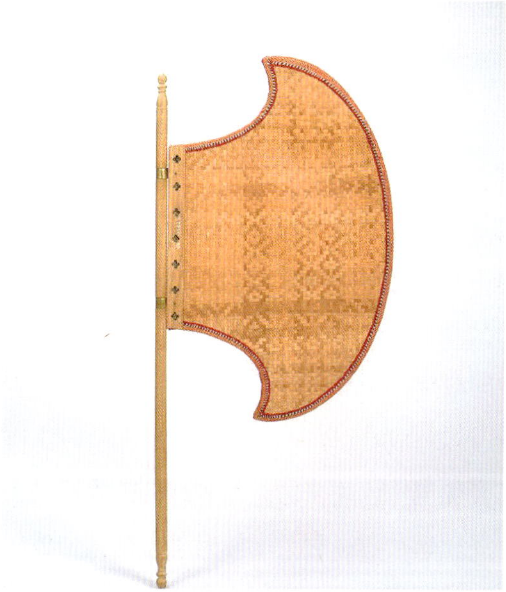

清宫旧藏“便面式”蒲编斧式扇（故宫博物院藏）

扇木质手柄，扇面为蒲编，二幅对折如斧式，扇子形制特殊，与今所见战国、两汉时期某些带柄蒲编扇即“便面”者相类

皆同，特小耳，岂有佩之于腰而谓之腰扇者，且亦非折叠。若云折叠，凡扇皆然，何烦注释。”他认为，腰扇既不是佩戴在腰上的扇子，也不是折叠扇。不过，他所说的“凡扇皆然”显然是明代折叠扇盛行以后带来的历史偏见。清人赵绍祖则认为，这种腰扇可能是形制较小的团扇：“腰扇当即是

团扇，或制稍小而可佩耳。”另外，还有人指出，胡三省所说的折叠扇其实不是后世所理解的折扇，而是折团扇：“折叠扇亦是团扇，曲之可卷舒，与今日所谓聚头扇异。”（清姚范《援鹑堂笔记》）考虑到胡三省生活在宋末元初，当时折团扇已是习见之物，这种解释倒也可以说得通。不过，折团扇出现的时间恐怕不可能早到南北朝时期，胡注习惯性的代入疏忽还是显而易见的。也有人认为，这种腰扇当为腰鼓之状，两头膨大中间收拢，相对而言尚有一定的合理性。

机械扇在早期扇史中亦占有一席之地。相传在西汉时期，出现过一种“车轮扇”，用来给谷物去糠。古代笔记小说集《西京杂记》还曾记载过一种“七轮扇”，据其描述，其形制非常类似后世的风扇，只是需要人力推动：“长安巧工丁缓者……又作七轮扇，连七轮大皆径丈相连续，一人运之，满堂寒颤。”宋代高承《事物纪原》谓：“今禁中洎宗戚贵室亦多为此物者，盖起自汉丁缓云。”说明在宋代皇廷之中，此种轮扇犹有传承。

此外，蒲葵扇也是创制较早的一种实用型的扇子，通常用蒲葵叶制作而成，亦称葵扇或棕扇。关于蒲葵扇的来源，或许是由于取材过于常见，少有对此进行专门考证的记载。《宋书·符瑞志》提出在尧的时代就有了蒲葵扇的发明，用蒲这种植物制成引风驱蝇的工具。蒲葵扇有时候也俗称为芭蕉扇，但蒲葵和芭蕉本非一物，如明代方以智《通雅》就曾经辨析两者的差异：“蒲葵为扇，从广中来。王导捉中宿令之蒲葵扇，俗呼芭蕉扇，似其大叶耳。蒲葵与棕皆蕉本，而非一物。”实际上，芭蕉的叶子既窄而薄，不太容易制成扇子，俗称的芭蕉扇一般都是指蒲葵扇。

关于蒲葵扇的典故，最知名的莫过于《晋书·谢安传》所云：“安少有盛名，时多爱慕。乡人有罢中宿县者，还诣安。安问其归资，答曰：有蒲葵扇五万。安乃取其中者捉之，京师士庶竞市，价增数倍。”谢安以名士风流手捉蒲葵扇，一举引领了时尚风潮，而蒲葵扇在此前滞销的原因有二，一是“岭南凋敝，唯有五万蒲葵扇”，二是“非时”。可见，蒲葵扇在当时是岭南一带的特产，仅在盛夏季节行销。

“孝道至，则萐莆生庖厨。萐莆者，树名也。其叶大于门扇，不摇自扇，于饮食清凉，助供养也。”（《白虎通疏证》）这里提到的箑莆，即为蒲葵，是产于南方的一种高大常绿乔木，以其制扇，结实耐用。蒲葵扇由于取材简单、制作方便，又非常实用，所以历来都深受庶民阶层的喜爱。清徐葆光《中山传信录》云：“蕉扇圆者为日扇，男子用之。妇人用者，缺其傍如缺月状，名月扇。”说明芭蕉扇的使用也有较为考究的时候。

从早期的扇史可以看出，扇子既是人们用来广招清风、避暑纳阴、驱赶蚊虫的“凉友”，又是可以招贤纳士、障面遮羞、修饰威仪的礼具。实用和礼仪的两个面向，共同奠定了本土扇文化的基调，为扇子和日常生活、艺术创作等的进一步结缘埋下了深远的伏笔。

哪个更高贵：羽扇和麈尾之争

“扇子”的“扇”字虽然从羽，但正如《说文解字》所云，从汉字构词法来说，它和羽毛并没有太大的关系，而是有取于如鸟之羽翼的门户结构。尽管如此，由于羽扇取材自鸟兽羽毛，和远古时期人们的狩猎习俗有关，虽然其具体创制时间已不可考，但肯定可以称得上是最古老的扇子形态之一。《周礼·春官》曰：“王后之五路，重翟，锡面，朱总。”郑玄注云：“重翟，重翟雉之羽也。”意思是，周王朝王后所坐的车乘其中有一种，两侧都用野鸟羽毛制成的帘子加以遮蔽，驾车的马额上饰有当卢，马耳系着红色的丝带，这里提到的“重翟”就是羽扇的前身。对此，崔豹《古今注》云：“雉尾扇起于殷世。高宗有雊雉之祥，服章多用翟羽。周制以为王后夫人之车服。舆辇有翣，即缉雉羽为扇翣，以障翳风尘也。”明确提出了“扇翣”这一组合词的诞生，和重翟的使用密不可分。《拾遗记》则记载了西周年间羽扇制作的过程：“（周昭王）二十四年，涂修国献青凤、丹鹊各一雌一雄。孟夏之时，凤、鹊皆脱易毛羽，聚鹊翅以为扇，缉凤羽以饰车盖也。扇一名游飘，二名条翮，三名亏光，四名仄影。时东瓯献二女，一名延娟，二名延娱，使二人更摇此扇，侍于王侧，轻风四散，泠然自凉。”宋人笔记以此为羽扇之始。尽管《拾遗记》所载羽扇发明起点的说法并不可靠，但从中可以看出这里的羽扇同样既有引风的实际作用，又兼有仪仗扇的修饰价值。

可以明确的一点是，人们普遍认为羽扇原产于吴地。魏晋时代尤其流行羽扇，世传多篇题为《羽扇赋》的作品，也纷纷提到羽扇的产地。如晋江逌《羽扇赋》云：“惟羽类之攸出，生东南之遐嵎”，提到羽扇“色非一采，或素或玄”，则黑白羽扇皆为常见，且出自东南一隅。晋武帝灭吴之后，原本仅在江苏、浙江等地盛行的羽扇就传播到了各地。嵇含《羽扇赋》序也点明，西晋灭吴是羽扇开始广泛流行的重要时间节点：“吴楚之士，多执鹤翼以为扇。虽曰出自南鄙，而可以遏阳隔暑。昔秦之兼赵，取其冕服以付臣工。晋之附吴，亦迁其羽扇御于上国。”傅咸《羽扇赋》序亦云：“昔吴人直截鸟翼而摇之，风不减方圆二扇，而功无加。然中国莫有生意者。灭吴之后，翕然贵之，无人不用。”吴扇由于新奇而地位陡增，但这过程并非一蹴而就。

陆机《羽扇赋》云：“昔楚襄王会于章台之上，山西与河右诸侯在焉。大夫宋玉、唐勒侍，皆操白鹤之羽以为扇。诸侯掩麈尾而笑。”手持羽扇的宋玉就诘问对方为何发笑，这些山西与河右诸侯对用鸟羽制成扇子的习惯表示不屑，于是就引发了一场麈尾和羽扇的优劣之争。在后文中，陆机借宋玉之口，抨击当时北方诸侯所习用的安众扇（一种方形古扇）和五明扇各有不足：“安众方而气散，五明圆而风烦”。最终，这场争论的结局是“襄王仰而拊节，诸侯伏而引非，皆委扇于楚庭，执鸟羽而言归”，诸侯们最终被说服，纷纷用起了羽扇。陆机原属吴地望族，吴亡以后与其弟陆云一同入洛，尽管其才华受到赏识，但作为孙吴旧族与北方世家大族互相轻视，陆机本人又自负才情志气颇高，双方矛盾也不断激化。《羽扇赋》即是借南北用扇风俗的不同，假托宋玉、唐勒等南方辞人的身份，暗讽北人不识货。

另一方面，这篇《羽扇赋》中提到的“山西与河右诸侯”论辩时所执持的麈尾，是中古时期士人偏爱的雅器，也可以被视作扇子的一种前身。麈尾最早出现在东汉，它的功能主要是拂尘以及消暑，后来成为魏晋南北朝名士常见的手持物。在麈尾的基础上，相传由梁简文帝萧纲创制了麈尾扇。麈是一种鹿类，所以麈尾的长柄最初是用鹿尾骨制成，柄上带有夹板，夹板中间为修剪成不同形状的麈尾毛，有尖桃形、扇形、铲形等。

日本奈良国立博物馆所藏麈尾

此一麈尾为六朝时物件，柄为柿木质，夹板面上有两个精美的象牙饰物，尾毫尚存少许

魏晋时人好论玄学，经常一边对谈议论，一边挥动手中的麈尾，于是麈尾就逐渐成为名士风流清谈玄学的最佳点缀。比如，徐陵《麈尾铭》云："爰有妙物，穷兹巧制。员上天形，平下地势。靡靡丝垂，绵绵缕细。入贡宜吴，出先陪楚。壁悬石拜，帐中王举。既落天花，亦通神语。用动舍默，出处随时。扬斯雅论，释此繁疑。拂静尘暑，引饰妙词。谁云质贱，左右宜之。"就描绘了麈尾"上圆下平"的形制，点出其"拂静尘暑"的功用，同时也是时人"引饰妙词"不可或缺的道具。有意思的是，这里提到麈尾实际上是"入贡宜吴，出先陪楚"，原产于吴、楚等地，和羽扇一样来自南方。可见，陆机手执羽扇所受到的非议和歧视，更多还是地域风俗的差异使然。

玄谈之际麈尾挥洒的绝妙风度，让它在很多时候甚至成为当时名士本人的象征和代名词。清人赵翼《廿二史札记》追溯麈尾的用途即云："盖初以谈玄用之，相习成俗，遂为名流雅器，虽不谈亦常执持耳。"东晋名士王导亦谓麈尾"勿谓质卑，御于君子，拂秽清暑，虚心以俟"。而从徐陵"谁云质贱"和王导"勿谓质卑"等语来看，制作麈尾本身的材质并不很贵重，而是使用者的君子人格赋予了其特出的价值。

在南北朝时期，有一位叫张融的名士还曾经收到道士赠予他的一柄白鹭羽麈尾扇："融字思光，弱冠有名。道士同郡陆修静以白鹭羽麈尾扇遗之曰：'此既异物，以奉异

洛阳北郊朱村东汉壁画及麈尾局部

壁画中，墓主坐位，右侧并立二仆从，其中一人手持麈尾，当为墓主所用之物。这是目前麈尾最早相关图像

人。’” 将白鹭羽制成麈尾，显现出羽扇和麈尾合流的可能，而这扇子既然被称为异物，可见在当时甚为罕见，绝非主流。

在唐代佛教绘画和造型艺术中，麈尾也是相当常见的器物。“《释藏音义指归》云，《名苑》曰：鹿之大者曰麈，群鹿随之，皆看麈所往，随麈尾所转为准。今讲僧执麈尾拂子，盖象彼有所指麾故耳。”到了宋代，麈尾已经彻底回归到避暑驱蝇的日常实用功能，不仅仅是僧道之士使用的法器，而且也成为文人墨客的书房用具。

值得一提的是，人们对羽扇的直接认识有很多来自各类文艺创作中的历史人物形象。在这之中，最为典型的即为诸葛亮，羽扇也的确可以用来指挥军队。《晋书·顾荣传》记载的这段故事是羽扇挥军之典的真正缘起。当时正值广陵相陈敏谋反，“周玘与（顾）荣及甘卓、纪瞻潜谋起兵攻敏。荣废桥敛舟于南岸，敏率万余人出，不获济，荣麾以羽扇，其众溃散”。顾荣是和前面提到过的陆机、陆云兄弟并称的入洛“三俊”，他用白羽扇指挥军队平定陈敏之乱的故事就此流传开来，而他挥扇的长江南岸就被称为挥扇渡，也叫羽渡。从顾荣的事迹也可以看出，吴地盛行使用羽扇。梁简文帝《赋得白羽扇》诗即用顾荣作战之典：“可怜白羽扇，却暑复来氛。终无顾庶子，谁为一挥军。”此外，梁元帝《金楼子序》云：“而侯骑交驰，仍麾白羽之扇。”在魏晋南北朝，白羽扇作为交战阵前的用具，是本来就有的习俗。再比

朝鲜安岳前燕司马冬寿墓壁画

葬于东晋升平元年（357 年）的前燕司马冬寿墓于 1949 年在朝鲜安岳被发掘，壁画中墓主手中所持为麈尾

如，根据《北史》的记载，居士陆法和为湘东王作战时，打算纵火烧毁敌船，但不巧的是风向不对，“法和执白羽扇麾风，风即返”，于是敌军溃败。在这里，白羽扇被视作附有神力的某种法器，瞬息之间就改变了战争的形势。执白羽扇出战本是惯例，而打了胜仗之后的白羽扇也逐渐成为被神秘

化的符号。

在许多影视剧、绘画和雕像作品中，诸葛孔明手挥羽扇的淡定形象已经成为经典。然而，历史上的诸葛亮手里拿着的是不是羽扇，还真是一个值得商榷的问题。根据《三国志·蜀志》佚文记载："诸葛武侯与宣王在渭滨将战。宣王戎服莅事，使人视武侯，乘素车，葛巾毛扇，指麾三军，皆从其进止。宣王闻之叹曰：可谓名士也。"这段话因被其他文献转引而得以留存。而《太平御览》所引晋人裴启《语林》则称说，诸葛亮当时"着葛巾，持白羽扇，指麾三军"，亦被辗转征引。至此，诸葛亮所持之扇遂有"羽扇"和"毛扇"之歧。再到后来，经《三国演义》等通俗演义故事的渲染，诸葛亮手摇羽扇巧设空城计的形象更加深入人心，但这一幕与史实未必相符。根据现代学者的考证，诸葛亮所持者若为"毛扇"，应是麈尾，而非羽扇。唐代僧人慧琳为《续高僧传》作音义注解，其"麈尾"条云："毛扇也。象麈鹿之尾，以宝饰其柄，名麈尾扇。讲论者以为谈柄也。"这是麈尾在唐代也被称作毛扇的依据。

另外，时间上和三国时期更接近的《南史》中提到过"玉柄毛扇"。在历代文献中，"玉柄"和"麈尾"连用的情况很多，"玉柄"和"羽扇"却没有连属的例子。麈尾一般是竹木柄，名贵的麈尾则用玉柄、象牙柄等。《世说新语·言语》中记载，庾怿把一柄上好的玉柄麈尾扇进献给晋武帝司马炎。没想到，司马炎却起了疑心，认为这柄麈尾扇

唐代阎立本《历代帝王图》之孙权像（美国波士顿美术馆藏）

图中吴主孙权手中所执为麈尾

是被人使用过的旧物。侍中刘劭就在旁边为之开解，用工匠和乐官往往需要先试用才可以筛选出最佳贡物来打比方，司马炎才释然。综上可见，《南史》中所说的“毛扇”指的是麈尾的可能性极高。

《白氏六帖事类集》引《搜神记》云：“吴猛好道术，将弟子向豫章，江水大急，人不得渡。猛乃以手中扇画，江水横流，遂成陆路，徐行而过，过讫水复依旧。”相传吴猛所持之扇即是白羽扇。白羽扇既与传统术数文化关系紧密，无怪乎后人很容易就把白羽扇和“多智而近妖”的诸葛亮形象勾连起来。于是，诸葛亮手中的爱物就变成了白羽扇。而纶巾则是当时儒将的寻常装扮，如《晋书》记载：“（谢万）召为抚军从事中郎，万着白纶巾，鹤氅裘，履版而前。”此外，苏轼《浪淘沙》词“遥想公瑾当年，小乔初嫁了。雄姿英发，羽扇纶巾。谈笑间，樯橹灰飞烟灭”，考虑到周瑜本是吴地的将领，羽扇纶巾的打扮倒也很可能是其“本来面目”。有了羽扇纶巾的加持，诸葛亮从容镇定指挥作战的形象也变得更加立体和丰富起来，尽管羽扇纶巾的诸葛亮是诸多巧合的产物，但这一文化意象无疑是丰满而传神的，留给后人巨大的想象空间。

羽扇和麈尾的优劣之争固然只是魏晋时期南北士族对立的一个缩影，后世也不乏将两者进行比较者。比如白居易有《白羽扇》诗云：“素是自然色，圆因裁制功。飒如松起籁，飘似鹤翻空。盛夏不销雪，终年无尽风。引秋生手里，

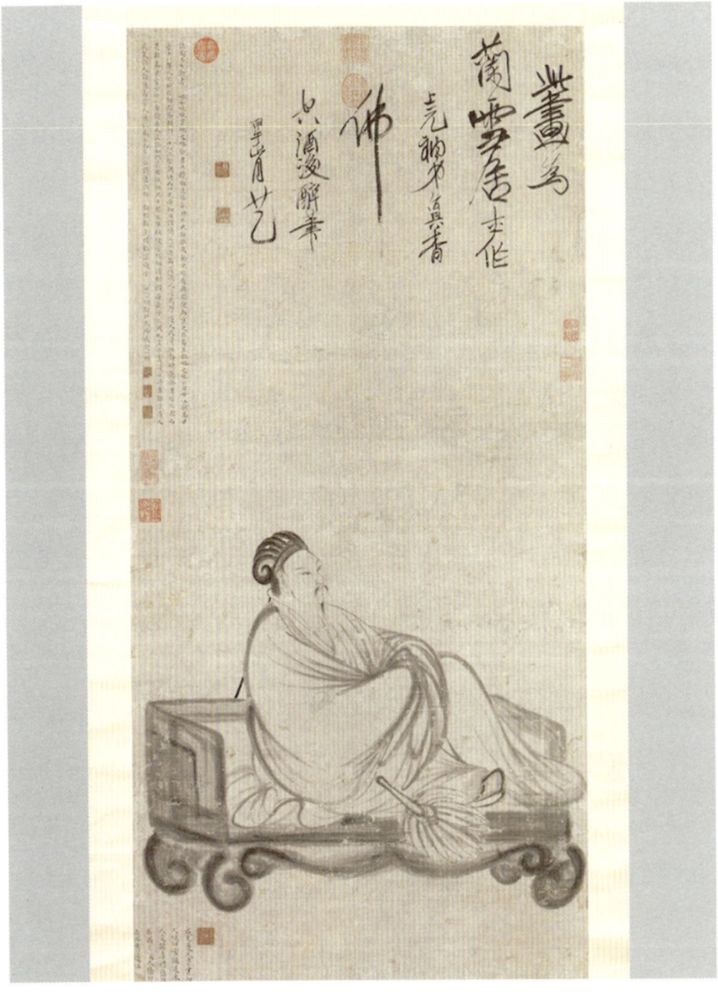

明代张飙画诸葛亮像（台北故宫博物院藏）

此画中人物随身携带者为羽扇

藏月入怀中。麈尾斑非匹，蒲葵陋不同。何人称相对，清瘦白须翁。”将白羽扇和麈尾扇以及蒲葵扇做了对比，认为白羽扇状若白雪，似白鹤翩飞，又好像引月入怀，相形之下，蒲葵扇的简陋既非其匹，连麈尾扇也望尘莫及，显然是对白羽扇尤其偏爱。唐代张九龄《曲江集》中有一篇《白羽扇赋》，其小序云：“开元二十四年夏盛暑，奉敕使大将军高力士赐宰臣白羽扇，某与焉……”可见唐玄宗曾在夏日赐白羽扇，张九龄所得即为其中之一。宋人杨万里《对莲》诗云：“白羽频挥闲客坐，乌纱半坠醉翁眠。”寥寥两句，就把诗人手摇白羽扇、昏昏欲睡的闲闲意态刻画得淋漓尽致。

南宋周去非《岭外代答》中“羽扇”条详细记载了宋代羽扇制作的过程：

> 静江人善捕飞禽，即以其羽为扇。凡扇必左羽，取羽张之，以线索系住，俟肉干筋定，乃可用。鹫，大禽也，以其羽为扇，长数尺，黑色多风，勇士用之，颇壮观。鹭羽洁白，轻质而风细，士夫多用之。以胶漆涂其筋骨而丹之，颇亦雅尚。交阯人又用鹤羽，以线编比羽管，而别施柄。其说谓交阯地多蛇，鹤能食蛇，蛇闻鹤羽之气，必远避之。用鹤以却蛇也。

他提到的静江府，就是今天的广西桂林一带。周去非曾任静江府属县县尉，对当地情况较为熟悉。据他所言，羽扇一般是采自当地飞禽，用线绷住左翼，等到禽肉风干之后就制成了。其中，黑色羽扇乃“勇士用之”，白鹭羽扇则“士夫多用之”，不同颜色的羽扇对应使用者的不同身份。而“交阯”（今越南）地区用鹤羽来制作羽扇，以此驱蛇，揭示了鹤翎扇在当地流行背后的人文地理因素。

清末黄遵宪《日本国志》也追记过史上用羽扇指挥军队的旧事，还补充了日本室町时代的军扇信息：“中古时，将士临阵，变古人羽扇之制，用以指挥军士，其柄系以流苏。世传将军源义家军扇以竹为骨，凡十二行，长一尺二寸，表里用朱银分绘日月。后有用铁骨者。”这种军扇承袭了羽扇出征用吉的传统，但未必使用羽毛，而是由皮革和铁等制成。

古早的羽扇和麈尾扇由于制作材料的易朽，大部分早已湮灭在历史的长河中。但和掩映美人娇容的团扇、结实耐用接地气的葵扇、挥毫泼墨显风流的折扇相比，羽扇和麈尾扇历来更受方外之士和高蹈出尘者的青睐。将传说娓娓道来，令人不禁怀想名士挥麈的翩翩风度，寄托儒将捉羽的洒脱神态，为庸碌的现实平添了几分清音神韵。

团扇的女怨主题和书画传统

大约在汉代以前，就有了团扇。团扇的扇面多是由纨、绢等丝织品制作而成，所以也叫纨扇，其形状大略为圆形、椭圆形或近圆形，当中有一根扇骨，将扇面一分为二。团扇的形制在汉代得以固定下来，所谓“屈竹为匡，裂纨为面，其形正圆”，扇面状如明月，因色白有时也被拟作冰纨，亦称合欢扇。根据其材质的不同，也被称为罗扇、纱扇、绢扇等。

魏晋南北朝主要流行团扇和羽扇。西晋武帝和东晋安帝曾分别对绢扇的用度下过禁令，如“义熙元年春……五月癸未，禁绢扇及樗蒲。”樗蒲是一种博戏，而当时的团扇多是用丝绢制作而成，由于丝织品的造价较高，晋安帝为了减少浪费、厉行节俭，禁止宫中使用绢制的扇子。另外，用丝、

唐代《京畿瑞雪图》纨扇（故宫博物院藏）

《京畿瑞雪图》纨扇，传为唐人作品，本幅无款识，右裱边项子京题：“唐云麾将军李思训画京畿瑞雪图，宋宣和御府藏物也，定为神品第一。古胥山樵项圣谟获于梅花和尚塔前，得秘玩焉，百金亦勿与易。”裱边钤收藏印“平书珍赏”“平泉书屋主人审定印”两方。扇面绘雪景楼阁，山水重青绿敷色，画法古拙

绢等丝织品制成的团扇并不容易上色勾染，唐代开始出现的纸扇，则为这一问题的解决创造了条件。虽然唐代就已经产生了纸扇，而最早记录纸扇的传世文献则要迟至晚唐，僧齐已《城中晚夏思山》：“葛衣沾汗功虽健，纸扇摇风力甚卑。”不难推想，纸扇的造价极低，但其产生的风力亦较为有限。而宋人郭印《纸扇》诗云：“纨绮徒观美，论功曷比伦。”认为团扇固然美观，但从实用性和性价比来说不如纸扇。

在此后的历史时期中，纸制团扇和绢制团扇长期并用。根据宋马永卿《懒真子》的记载，宋仁宗所用团扇既有绢扇，也有纸扇：“绍兴三年夏六月，明州阿育王山住持净昙，以宸奎阁所藏仁宗御书诣行在……又有团绢扇三柄，皆仁宗御书。一长柄者三尺许，恐是打扇，用白藤缚柄。而三扇皆以青笺纸为之，上下承萼，制度极草草，今中产之民所耻执也。大哉仁宗之盛德也。”宋室南渡之后，高宗勉力搜集先帝旧物，其间净昙法师住持阿育王寺，便将寺中所藏仁宗御书和御用制品都进献给了高宗。其中的御用纸扇只是由普通的青笺纸制成，可见宋仁宗尚俭之德。朱弁《曲洧旧闻》也曾提到一桩朝中旧事：“哲宗御讲筵，诵读毕，赐坐。例赐扇，潞公见帝手中独用纸扇，率群臣降阶称贺。”潞公为文彦博，他看到宋哲宗手执纸扇后马上率领群臣称贺，宣仁太后听说此事之后说大臣称贺之意在于“用纸扇，是人君俭德也”，并告诫哲宗“君俭则国丰，国丰则民富”。而《宋史·舆服志》云：“哲宗绍圣二年，诏在京官不得用凉扇。”则是由于皇帝想要强化皇权的威仪，所以禁止臣下使用凉扇。

班婕妤《怨歌行》在团扇史上尤其具有开创性的文化意义：“新裂齐纨素，鲜洁如霜雪。裁成合欢扇，团团似明月。出入君怀袖，动摇微风发。常恐秋节至，凉飚夺炎热。弃捐箧笥中，恩情中道绝。”她把作为吟咏对象的团扇给拟人化了，夏日炎炎常伴君左右，秋日来临就被弃置一边。从这首诗本身来看，只是客观描绘了团扇顺应时节的用舍规律而已。而郭茂倩《乐府诗集》援引的《乐府解题》，在解释“婕妤怨”这一古乐府名称之际对此有进一步的阐发：“《婕妤怨》者，为汉成帝班婕妤所作也。婕妤徐令彪之姑，况之女，美而能文，初为帝所宠爱。后幸赵飞燕姊弟，冠于后宫。婕妤自知见薄，退居东宫，作赋及纨扇诗以自伤悼，后人伤之而为婕妤怨也。”结合班婕妤的经历来看，用团扇自比身不由己、宠辱随人的处境无疑是非常贴切的。这首团扇诗的影响也相当深远，成为本土扇文化史的一个经典意象。

扇子所彰显的性别意识随着不同时代审美心理和文化观念的演进而变迁。班婕妤的诗，不仅让团扇染上了宫怨色彩，也让团扇美人的意象组合深入人心。比如，南朝齐丘巨源《咏七宝扇诗》云：“妙缟贵东夏，巧媛出吴阊。裁状白玉璧，缝似明月轮。表里镂七宝，中衔骇鸡珍。画作景山树，图为河洛神。来延挥握玩，入与镮钏亲。生风长袖际，晞华红粉津。拂眄迎娇意，隐映含歌人。时移务忘故，节改

竞存新。卷情随象簟，舒心谢锦茵。厌歇何足道，敬哉先后晨。”很明显，这首诗继承了班婕妤咏团扇的传统，再次提示了“存新忘故”的哀怨寄托。而闺阁女子手不释扇，贴怀而捉，更让团扇沾染了风雅私物的遐想。纨扇的边框一般是用竹子制成的，所以南朝陈周弘正《咏班竹掩团扇诗》更是将湘竹和团扇并提，进一步升华了女怨的传统主题：“齐纨将楚竹，从来本相远。将申湘女悲，宜并班姬怨。”唐代诗人王建《调笑令》诗云：“团扇，团扇，美人病来遮面。玉颜憔悴三年，谁复商量管弦？弦管，弦管，春草昭阳路断。”即是在沿用班婕妤故事的基础上把团扇和病美人的意象联系起来。在唐代，扇子在婚礼中又有遮羞的功能，营造出“千呼万唤始出来，犹抱团扇半遮面”的效果。

早期的团扇都是丝织品，绣女有时会在扇面上加上彩色的刺绣，成为彩扇。比如，南朝梁江淹作过一篇《扇上彩画赋》，描绘了生绢扇面彩绘图案的多姿多彩：“空青出峨嵋之阳，雌黄出嶓冢之阴。丹石发王屋之岫，碧髓挺青蛉之岑。粉则南阳铅泽，墨则上党松心。”青、黄、丹、碧、粉、墨等多种色彩交相辉映，勾勒出一幅素女弹琴图。同时代人鲍泉亦有《落日看还》诗：“雕甍斜落影，画扇拂游

左为明代唐寅《班姬团扇图》（台北故宫博物院藏）

图中人物手持纨扇，独立棕榈树下，神态清冷

新疆吐鲁番阿斯塔那501号墓出土的唐代彩绘木团扇

此扇长 13.6 厘米，直径 4 厘米，实物尺寸较小，当为模型扇。从此扇我们可以观察到唐代团扇的基本形制

尘。”这里的画扇指的也是带有装饰图案的团扇。

此外，团扇美人、美人却扇的意象和团扇画的传统题材也有着很大的关系。江淹既有《扇上彩画赋》，也有拟古乐府《班婕妤咏扇》，诗云：“纨扇如圆月，出自机中素。画作秦王女，乘鸾向烟雾。彩色世所重，虽新不似故。”纨扇上就有秦穆公之女吹箫引凤、乘鸾而去的彩画。何逊《同虞记室诸人咏扇》诗后半云：“摇风入素手，占曲掩朱唇。罗袖幸拂拭，微芳聊可因。”则描写了一位美人在歌唱时用手中纨扇轻掩朱唇的曼妙身姿。宋徽宗《题团扇士女》诗云：“浓黛消香淡两蚁，花阴试步学凌波。专房自得倾城色，不怕凉风到扇罗。”仕女图日后也成为团扇画的一个重要传统主题。

团扇书画的一大特征是随形赋形，布局须根据团扇的外形而变化。书扇和画扇的传统由来已久，并在漫长的历史发展过程中逐渐成为中国传统书画艺术的一种独特样式。在明代以前，本土文人在扇面上题写书法或绘画往往仅限于平扇，并以团扇为主。在扁折扇传入中国并大规模普及之后，折扇书画才开始流行起来。

关于扇画艺术的起源，文献上的记录最早可以追溯到三国时期。相传杨修为曹操画扇，不小心在扇面上落下墨点，便急中生智改画成一只苍蝇，由于他的画过于逼真，曹操看到后便信以为真，还试图用手拂蝇。此外，曹植有《九华扇赋》，吟咏的对象则是汉桓帝赐予其曾祖父曹腾的一柄竹扇，上面亦有华丽的花纹。可见在魏晋时期，扇画扇绘开始崭露头角。

同时，书扇的传统则可以追溯到东晋书法家王羲之。根据《晋书》的记载，王羲之曾经看到一位老妪在卖六角扇，但是销路不太好，于是王羲之就在她卖的扇子上各写了五个字，老太太一开始还有些不乐意，王羲之就说只要跟别人说这是王右军写的，扇子就可以卖到一百金的价钱。其后果然如他说言，人人争购他题过字的这些六角扇。老太太尝到甜头以后又拿着好多扇子去找王羲之，王羲之就不再为她题字了。六角扇是一种竹扇，扇面由竹席编织而成，呈六边形。此外，王羲之书扇换鹅的传说也一直为人所津津乐道。张彦远《历代名画记》则记载了其子王献之画扇的一段小插曲："（王献之）继父之美，丹青亦工。桓温尝请画扇，误落笔，因就成乌驳牸牛，极绝妙，又书牸牛赋于扇上。"据说，这把兼有书画的绢扇直到晋安帝义熙年间仍然保存着。绘画史上有不少点铁成金的例子，王献之通过高超的艺术手法挽救了自己的失误，而且此扇集题书作画于一体，印证了东晋已有书画扇的存在。这些事例都表明，名家书画可以大大提升扇子本身的价值。老妪刚开始的不情愿，可以佐证在王羲之生活的时代在扇面上题写书法，在民间并非常规做法，而桓温的主动邀约，则说明到王献之的时候上流阶层乞请名家题写绢扇已非异事。南宋画家梁楷还根据王羲之为老妪画六角扇的故事作了一幅《右军书扇图》。

南朝梁虞龢《论书表》提到二王书中有"书扇二帙二卷"，《法书要录》引唐人徐浩《古迹记》云时人奉旨访书，"乃于滑州司法路琦家得羲之正书、扇书一卷"，说明二王扇书早有流布。而唐人韦述《叙书录》接叙其事云："萧令寻奏滑州人家藏右军扇上真书《宣示》及小王行书《白骑遂》等二卷，敕命滑州给驿赍书本赴京。其书扇有

南宋梁楷《右军书扇图》（故宫博物院藏）

贞观旧褾织成，题字奉进，上书本留内，赐绢一百匹以遣之，竟亦不问得书所由。”说明被访得的王羲之扇书原为内府所藏。

《世说新语·文学》记载：“羊孚作《雪赞》云：‘资清以化，乘气以霏。遇象能鲜，即洁成辉。’桓胤遂以书扇。”扇画在当时也非常流行。《太平御览》征引沈约《俗说》云：“顾虎头为人画扇，作嵇、阮而都不点眼睛。主问之，顾答曰：‘那可点睛，点睛便语。’”说的便是东晋著名画家顾恺之在扇面上画了嵇康、阮籍等竹林七贤的人物形象。名家扇绘在东晋中后期就已颇受欢迎。

“同弟贲字文奂，形不满六尺，神识耿介。幼好学，有文才，能书善画，于扇上图山水，咫尺之内，便觉万里为遥。”（《南史》）萧贲是齐竟陵王之孙，以性情耿直著称。姚最《续画品》曾经评价他的画风：“雅性精密，后来难尚。含毫命素，动必依真。尝画团扇，上为山川，咫尺之内而瞻万里之遥，方寸之中乃辨千寻之峻。”这是有关在扇面上绘山水的最早的一则文献记载。这段评价说的是团扇画，其中已经隐约点出，扇面尺幅之短小和山水气势之磅礴两者之间暗含着某种对立，是作扇画者需要巧妙克服的挑战之一。谢赫《古画品录》谓生活在南齐的蘧道愍、章继伯二人“并善寺壁，兼长画扇。人马分数，毫厘不失。别体之妙，亦为入神”。由于两人既有能力完成巨幅的壁画，也能兼擅方寸之间的团扇画，故其画技尤为时人所称赏。

《南史·柳恽传》云：“（柳恽）少工篇什，为诗云：‘亭皋木叶下，陇首秋云飞。’琅邪王融见而嗟赏，因书斋壁及所执白团扇。”王融因为特别叹赏柳恽《捣衣诗》中的一句，就把这句诗题写在书房的墙壁上，同时也题写在了自己的白团扇上。这个例子也表明，早期的团扇书法（特别是从魏晋到唐代的这段时期）同样不因为载体或尺幅的差别而具有显著区别于其他题书的特征。

题书团扇有时也不仅仅是为了装饰，也有表情达意的作用。比如，南朝梁豫章王萧综“累致意尚书仆射徐勉，求出镇襄阳，勉未敢言，因是怨勉，饷以白团扇，图《伐檀》

之诗，言其贿也”（《南史》），由于萧综多次让徐勉帮忙进言，以出镇襄阳，而徐勉没有答应，萧综就用写了《伐檀》诗的白团扇来敲打和讽刺徐勉。《南史·范晔传》记载范晔因谋逆下狱后：“上有白团扇，甚佳，送晔令书出诗赋美句。晔受旨援笔而书曰：‘去白日之炤炤，袭长夜之悠悠。’上循览凄然。”范晔精于小篆书法，又是举世闻名的史学家，虽因谋反入狱，但宋文帝仍然爱惜人才，邀其题写扇面，而范晔书写在白团扇的这两句诗来自宋玉《九辩》，也正好表达了自伤自悼的凄惶之情。南唐后主李煜曾经在黄罗扇上题词一首赐宫人庆奴，其词云：风情渐老见春羞，到处销魂感旧游。多谢长条似相识，强垂烟态拂人头。记载此事的《墨庄漫录》的作者张邦基谓“想见其风流也，扇至今传在贵人家”，表明在两宋之际尚有此扇消息。

团扇书画真正发展为独立的艺术门类始于唐代。在唐代，随着团扇取代竹扇和羽扇成为最主流的扇型，团扇书画也越来越盛行。比如张諲“善草书，工丹青”，就被王维称赞为“团扇草书轻内史”。吴越钱氏在扇画艺术方面也人才辈出：“钱昆字裕之，吴越王俶之子，归朝仕至秘书监。自画寒芦沙鸟于纨扇，人竞藏之”。“钱仁熙，武肃诸孙，颇读书。善丹青，尤工水牛，多写于纨扇上，人争传之”。（《图绘宝鉴补遗》）

唐代书画理论也开始标举扇画艺术。唐人张彦远《历代名画记》卷七将生活在南朝宋时期的画家顾景秀列为中品

唐周昉《簪花仕女图》（辽宁省博物馆藏）

右三女子所持团扇，扇柄较长，故将其搭在肩上用双手扶住，与作为手中把玩之物的团扇有所不同

上，并记载了顾氏画扇技艺之高超："顾景秀，宋武帝时画手也，在陆探微之先，居武帝左右。武帝尝赐何戢蝉雀扇，是景秀画。后戢为吴兴太守，齐高帝求好画扇，戢持献之。陆探微、顾宝光见之，皆叹其巧绝……扇画蝉雀，自景秀始也。"蝉雀类花鸟题材的团扇画正是始于顾景秀，相传他的画扇作品除了蝉雀画扇以外，还有鹦鹉画扇，然皆已不传于世。

宋人黄休复《益州名画录》提到一位生活在唐代中叶的僧人楚安，极其擅长团扇画："僧楚安，蜀州什邡人也，俗姓句式。攻画人物楼台，有《明皇幸华清宫避暑图》《吴王宴姑苏台图》，此二图皆画于墙壁，图簇团扇之上。其墙壁图簇团扇大小岁殊，功夫并无减者，奇巧如此。"楚安也和前面提到的两位南朝画家一样，兼擅画壁与画扇，且其所绘内容都是相当复杂的人物楼台。他也是一位颇有性格的画者："其时诸王宰辅竞相有请，得之者奉遗甚厚，有不得画者恨恨然。楚安言，山僧自以此适意而已。归寂后，有好事者往往收得其笔踪，或谓之墨宝也。"（《太平广记》）郭若虚《图画见闻志》亦云："僧楚安，蜀人，善画山水，点缀甚细。每画一扇，上安姑苏台或滕王阁，千山万水，尽在

目前。今蜀中扇面印版，是其遗范。”通过这些描述可以看出，蜀僧楚安的扇绘完全不避忌宏大的内容题材。就绘画艺术创作的一般规律而言，创作尺幅的大小往往需要和创作题材相适宜、相匹配。而楚安不拘泥于预设尺幅的差异，也并不区分大小尺幅在内容题材上的呈现，他的团扇画更像是壁画的缩小版，在扇画史上并不具有特出的意义，但也能提示我们早期的扇面山水画鲜有题材上的独特性。

团扇是中国早期扇史的主角，从班婕妤的团扇诗开始，它就被赋予了女怨的色彩，团扇美人的形象也由此成为文艺史上的经典意象。团扇书画是两宋以前扇面书画的主流，而团扇书法和团扇绘画的发展脉络又存在一定的差异。一方面，团扇书法虽始于魏晋时期，但在唐宋以前始终不彰，也并不普及。另一方面，团扇绘画在宋以前已蔚为大宗，只是其题材以传统的山水花鸟为主，技法上缺乏创新，仅仅起到点缀扇面的效果。而书画合扇的实践，在东晋王献之即有之，但在此后相当长的一段时间内，书画俱题的实践仍不多见。扇面艺术的黄金时代，还要有待两宋明清的书画圣手。

精致小品：
两宋的纨扇书画

前文提到，从魏晋南北朝时期一直到唐代，团扇书画的实践已经初具规模，但在技法和题材上皆有所欠缺。用生丝制成的团扇并不容易上色，而用细绢织就的纨扇更适于题写作画，北宋丝织业的发展就为纨扇画的勃兴创造了物质前提。两宋时期，人们不仅直接在扇面上题书作画，而且也有不少小幅的纨扇册页。明代文人在笔记中追记了曾经过眼的两宋折扇画，但可惜未有实物留存，其说也有真假难辨的成分。艺术活动受到社会思潮的影响，也是后者的曲折呈现，纨扇书画在两宋之际的发展和成熟，与两宋的时代精神和文化氛围息息相关，体现了宋型文化的雅趣。

在两宋纨扇书画的发展史上发挥重要作用的当属画院的设立。北宋初年沿袭西蜀、南唐的设置设立翰林图画院，也一并接收了西蜀、南唐的画师，同时到处搜求珍藏书画收入内廷。宋太祖曾向吴越钱氏赐下御书扇：“（钱）昱字就之……昱善笔札，工尺牍。太祖尝取观赏之，赐以御书金花扇及《急就章》。”（《宋史》）在宋太宗时期，就有画院画家奉旨呈上画扇：

> 燕文贵，吴兴人，隶军中，善画山水及人物。初师河南郝惠，太宗朝驾舟来京师，多画山水人物，货于天门之道。待诏高益见而惊之，遂售数番，辄闻于上，且曰：“臣奉诏写相国寺壁，其图非文贵不能成也。”上亦赏其精笔，遂诏入图画院。端拱中，敕画臣面进画扇，上览文贵者甚悦。（宋刘道醇《宋朝名画评》）

这里提到的燕文贵是北宋初年知名的山水画家，所绘景物皆栩栩如生，被称作“燕家景致”。《宋朝名画评》中还记录了宋初一位叫李雄的画师拒作扇画的故事：“李雄，北海人，略有文义，不喜从俗，尤好丹青之学。太宗时祗候于图画院，上一日遍诏籍在院中者，出纨扇令各进所画。雄曰：‘臣之伎不精于此，所学者不过鬼神，虽三五十尺亦能为之。’上怒，索剑欲诛之，雄亦无屈意，俄得释去，后遁还乡曲。”李雄这个人擅长画鬼神作壁画，而对宋太宗偏爱的传统纨扇山水花鸟小品则兴致缺缺。这个故事一方面说明早期朝廷画院氛围较为松弛，画师个人意愿不至于被完全扼杀，另一方面也表明，宋初纨扇画的创作承自晚唐五代，仍然存在比较大的局限，即固然精致小巧，却因题材固化也很难避免程式化、套路化的一面。

其后如宋真宗、宋仁宗也都十分爱好文艺，精于书画鉴藏，到宋徽宗时期，支持文艺创作和鉴赏的风气更是掀起了一轮高潮。众所周知，宋徽宗赵佶嗜好且擅长书画，他把绘画纳入到科举取士的制度之中，画师的地位和待遇都有了很大的提高，一时之间画学大兴，绘画艺术也有了突飞猛进的发展。宋徽宗组织编纂的《宣和画谱》和《宣和书谱》也是著录历代画目书目的空前巨制。他本人尤其擅绘花鸟虫鱼，时有扇画之作，跟风临摹仿制的人也有很多："政和间，每御画扇，则六宫诸邸竞皆临仿一样，或至数百本，其间贵近往往有求御宝者。"（《画继》）

在宋徽宗的主导下，画院及宫廷画家群在团扇画的创作方面表现得非常活跃，扇画题材仍然集中在花鸟小品上。如《画继》所录："郓王，徽宗皇帝第二子也……又复时作小笔花鸟便面，克肖圣意。"而追求形似的目标也成为北宋末年画院画家的标志性画风：战德淳曾在扇上作"红花绿柳清江碧岫，一扇之间，动有十里光景"；孟应之专擅鸟兽翎毛，"作秋老海棠子着枝，已干而不枯，犹带生意，坐一白头翁，生动"；李端"偏工梨花鸠子，多作扇图，极形似"。画院画家的分科也相对细化。不过，团扇画和其他小尺幅绘画作品还是没有太多显著区别，比如和国夫人王氏亦

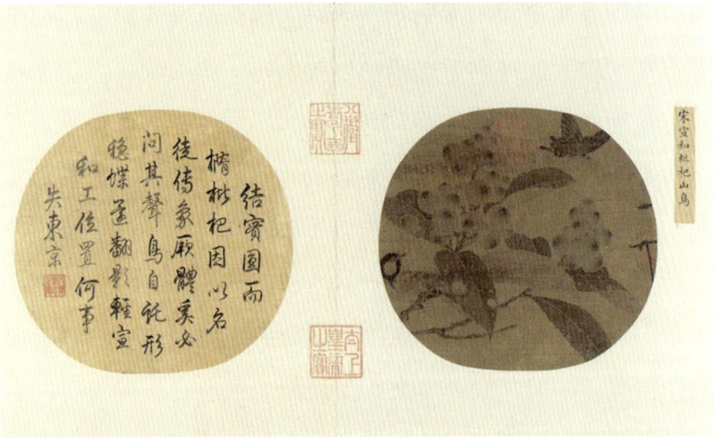

北宋赵佶《枇杷山鸟图》（故宫博物院藏）

正面图纯以水墨勾染，枇杷枝上果实累累，山雀、蝴蝶绕于其间，生动有趣。背面有乾隆御题诗：“结实圆而椭，枇杷因以名。徒传象厥体，奚必问其声。鸟自托形稳，蝶还翻影轻。宣和工位置，何事失东京。”

长于翎毛，“每赐御扇，即翻新意仿成图轴，多称上旨”。对扇绘的图案进行加工以后再绘制成图轴，显示出扇画和图轴之间的界限并不分明。事实上，纨扇和卷轴的质地都是绢素，两者之间的转换更像是画面的平移而已。而是否称旨，即能否符合上意，是画家能否留在画院大展身手的关键，所以此一阶段的画院画风深受皇帝个人喜好的影响。

目前存世最早的书法扇面即为宋徽宗赵佶的《草书七言

诗纨扇》，扇面所书的两句诗为：“掠水燕翎寒自转，堕泥花片湿相重。”北宋时期书画合扇的例子也不少见。《詹东图玄览编》曾记载团扇两柄：“内有团扇便面二则，画为李伯时写王晋卿《西园雅集图》，而米元章作记，字画精妙两极，真希世宝，人间罕有双焉者也……元章记字，真带行，仅如小指顶许，画轻着青绿。”此扇既有北宋名家李公麟的绘画，又有米芾的书法，故被藏家奉为至宝。再比如，南宋

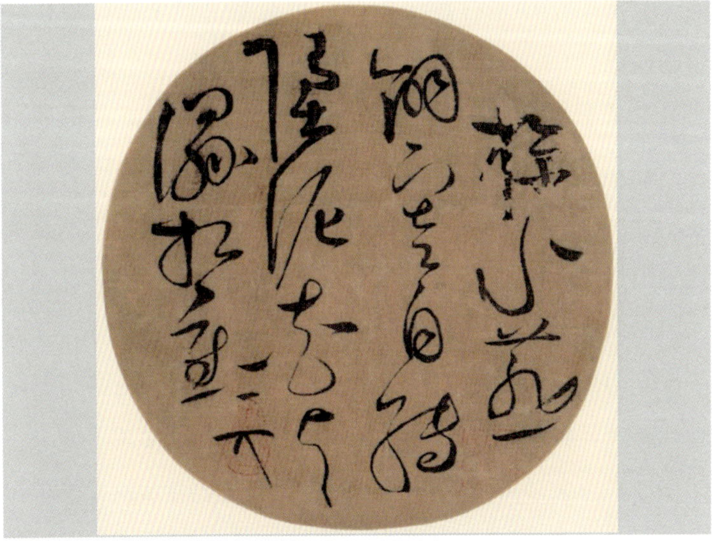

北宋赵佶《草书七言诗》纨扇（上海博物馆藏）

扇面诗句为“掠水燕翎寒自转，堕泥花片湿相重”，在圆形扇面间巧妙布局，气势弥满而又有疏朗之意，行笔圆转流利，有唐怀素狂草的影响

画家萧照曾经落草为寇，后因劫掠到画家李唐，就辞去群贼跟随李唐学画，后来也进了朝廷画院。元人庄肃就提及其家中旧藏有这位传奇画师萧照的画扇："有照画扇头，高宗题十四字，云：白云断处斜阳转，几面遥山献翠屏"（《画继补遗》），可见这柄扇子属于书画分题的作品。像这种由画院画家题画、皇帝题书的做法在两宋之际是一种常态。宋室南渡以后，内府所藏虽大量遭到劫掠毁损，但画院机构得以保留，而宋高宗也长于书画之道，到处搜求访购流散珍品，并有书法团扇存世，宋孝宗也有御书楷书四行柑橘诗扇面传世。

北宋士大夫阶层对扇面书画鉴藏的热情极高，黄庭坚就曾为自己收到的棕心扇添上藻饰："客有惠棕心扇者，念其太朴，与之藻饰。"（《书十棕心扇因自评之》）其《题郭熙山水扇》诗云："郭熙虽老眼尤明，便面江山取意成。一段风烟且千里，解如明月逐人行。"画院派画家郭熙和前面提到的燕文贵都是北宋院体的山水画家代表，也都精于扇画。此外，郭熙还是宋代山水画重要构图法理论"三远法"的提出者。文彦博《题郭熙画樵夫渡水扇》诗云："浅水深山一径通，樵夫涉水出林中。可怜画笔多情思，写在霜纨一扇风。"从诗中推测，此作当为纨扇画，前景为浅水幽径，中景为樵夫渡水，后景则是远山深林，观者从水边小径可以窥向中景和后景，越加凸显峰峦之幽深雄伟，令人回味无穷。

司马光《谢兴宗惠草虫扇》诗则详细描述了一幅以草虫为主题的纨扇画：

吴僧画团扇，点缀成微虫。秋毫宛皆具，独窃天地功。细者及蛛蝥，大者才阜螽。枯枝拥寒蜩，黄蕊粘飞蜂。翾然得生意，上下相追从。徒观飞动姿，莫睹笔墨踪。儿曹取真物，细校无不同。恐其遂跃去，亟取藏箱中。乃知艺无小，意精神可通。不兴误图蝇，能感紫髯翁。子猷状蝉雀，藏宝传江东。不知古何如，此画今为雄。人墓木已拱，其徒颇能工。旧法存百一，要足超凡

宋代郭熙《窠石平远图》（故宫博物院藏）

画面近景，溪水平流，岸边窠石裸露在外，杂树丛生，远处荒原莽莽、群山如屏，一派深秋之景。《窠石平远图》所采用的是由其所提出的“三远”法则（高远、深远、平远）中的“平远”法。郭熙云：“自近山而望远山，谓之平远”。自前景透过中景而望远景，空间纵深感分明，境界阔大，气势雄壮

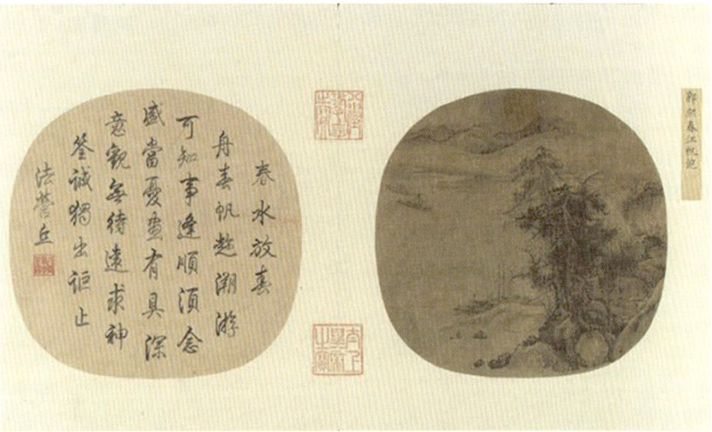

北宋无名（相传为郭熙所作）纨扇画《春江帆饱图》

近水远山，岸边近处是石与树，稍远些是泊靠的船，与上一幅《窠石平远图》相比，两者在技法上并无二致

庸。友人幸为赐，物薄意何隆？玩之不替手，爱重心无穷。常如对君子，穆穆来清风。

这里提到的吴僧指的是居宁，他是佛门弟子，也是知名画家。司马光夸赞其扇绘是如此栩栩如生，以至于让人担心所绘草虫会不会跳走，体现了画者对所绘物象形似到纤毫毕致的追求，“不兴误图蝇”等句则征引了杨修误点图蝇以及王子猷画蝉雀扇图的典故，彰显了花鸟草虫等小品画创作的传统。

与两宋画院体追求形似画风形成鲜明对比的，是两宋时期产生的文人画。从事文人画的主体是北宋的科举士大夫，他们作画普遍希求神似神韵。比如，苏轼有首诗就写道："论画以形似，见与儿童邻。"（《书鄢陵王主簿所画折枝二首》）他认为用画得像不像来评价一幅画，是非常幼稚的，代表了当时相当一批文人画者的观点。文人画所追求的

宋代虞美人图纨扇

此图描绘虞美人花三朵，阴阳向背各具，姿态各异，颜色明丽，勾勒精细，落笔匀称，采用没骨法描绘，不现轮廓，柔和自然，是南宋院体风格之佳作

神似也并不是全然抛开艺术形象，而是在尊重物象客观规律的前提下，进行写意的创作。不过，由于纨扇画的题材本就缺少创新，在扇画上嫁接文人画写意的作品就更是凤毛麟角了，文人纨扇画或折扇画大量产生的各项条件并不充分。

宫廷画院机构的制度设计、都市文化娱乐场馆装饰的需要，以及市民阶层手工商业的繁荣发展，都为两宋时期民间职业画匠群的兴起创造了适宜的条件。清褚人穫《坚瓠集》引宋人赵朴《成都古今记》云："正月灯市，二月花市，三月蚕市，四月锦市，五月扇市，六月香市，七月七宝市，八月桂市，九月药市，十月酒市，十一月梅市，十二月桃符市。"当时有一位擅长画儿童题材的匠人为了确保独家创意不被抄袭，还想出了集中限量出货的主意："刘宗道，京师人，作照盆孩儿，以手指影，影亦相指，形影自分。每作一扇，必画数百本，然后出货，即日流布，实恐他人传模之先也。"（《画继》）足见当时画扇销售市场竞争之激烈。

根据学界已取得的研究成果，两宋的纨扇书法在尺寸上和尺牍、长卷基本一致。这说明，书法团扇在两宋之际虽已普及流行，但从艺术样式上来说仍未取得独立特出的地位，这就与后世折扇书法的标新立异形成了鲜明的反差，也为纨扇书画渐被折扇书画所取代提供了合理的铺垫。目前大部分存世的团扇画都是宋元之际的作品，尤其集中在宋徽宗崇宁以后。元代的团扇画和折扇画皆不盛行，而明代折扇书画最为鼎盛，团扇画数量则大大减少，即便是曾经留下过无数佳作的明四家也绝少题签团扇，只是到了清代同光年间，团扇画曾一度复兴。近代折扇风行，团扇使用者更是寥寥，再无人问津。

另外，关于两宋时期是否存在折扇书画，最可靠的记录显然来自宋人笔记，两宋之际江少虞《宋朝事实类苑》引北宋王辟之《渑水燕谈录》云：

> 熙宁末，余游相国寺，见卖日本国扇者。琴漆柄，以鸦青纸厚如饼，揲为旋风扇。淡粉画平远山水，薄傅以五彩，近岸为寒芦衰蓼，鸥鹭伫立，景物如八九月间，舣小舟，渔人披蓑钓其上。天末隐隐有微云飞鸟之状，意思深远，笔势精妙，中国之善画者，或不能也。索价绝高，余时苦贫，无以置之，每以为恨。其后再访都市，不复有矣。

相国寺是北宋都城最大的集会中心。文中提到的熙宁末为公元1077年左右，王辟之在相国寺集市上看到的日本国扇，在时间上和郭若虚《图画见闻志》相近，比徐兢《宣和奉使高丽图经》提到的折扇要早半个世纪。这条笔记材料印证了这种绘有精美图案的折扇原产于日本，同时也提供了很多的信息：日本折扇在形制上是旋风扇，扇柄为琴漆，旋风扇也是折扇的名称之一；所绘图景是临江秋景，鸥鹭伫立在萧瑟的芦苇丛中，渔夫披着蓑衣在一叶舟中垂钓，江岸天空隐有飞鸟和云朵。王辟之对该扇绘的评价也极高，认为“中国之善画者，或不能也”。可惜的是，由于囊中羞涩，他最终还是和这柄精美的日本画扇失之交臂。

此外，虽然折扇在元代并没有产生现象级的流行，但元人所见折扇书画的文字材料仍然值得留意。可以确定的是，来自日本的折扇画仍时隐时现，如元人吴莱吟《东夷倭人小摺叠画扇子歌》（节选）云：

> 东夷小扇来东溟，粉笺摺叠类凤翎。微飔出入挥不停，素绘巧艳含光荧。银泥蚌泪移杳冥，绵屏罨画散红青。皓月半割蟾蜍灵，紫云暗惹鲛鱼腥。徐市子孙附飞舲，裔然家世杂梵经。文身戴弁旧仪形，对马绝景两浮萍。殊方异物须陈廷，富贾巨舶窥天星。

此诗的前半段即节选部分，着重描写了这种日产小折叠扇子的外形和图绘，在同时代诗文作品中尤为稀见，有助于我们从中一窥折扇画的面目以及元人对倭扇的态度。前四句较为笼统地描写日本折扇的功能和外形。其中的“银泥蚌泪”两句，蚌泪据说可以调入颜料当中进行着色，而罨画是指杂彩之画，和郭若虚《图画见闻志》中所言“又以银泥为云气月色之状”暗合。“徐市子孙”两句是回顾日本和中国在文化上的交流往来。“文身戴弁旧仪形”，是说倭人好文身，“对马绝景两浮萍”，对马和绝景都是日本的岛名，此句暗含轻视之意。而这柄小折叠扇正是作为“殊方异物”献于中土王廷，对此诗人显然有自矜之意。

关于两宋时期是否存在本土的折扇画，另外一则充满争议的材料来自元代文人题咏山水画的组诗。张雨《题赵千里聚扇上写山》诗云：“翠水丹山气磅礴，几叠香痕经手握。何年破镜飞下天，吴淞水剪并刀薄。江南宝绘多遗余，王孙不归恨蘼芜。蘼芜消歇秋风起，班姬为我歌乌乌。”诗题中的赵千里，也就是赵伯驹，和他的弟弟赵伯骕都是南宋初年的著名画家，并称“二赵”。赵伯驹擅长画山水、人物、花鸟、竹石，相传他之所以得到宋高宗的赏识和提拔，就是因为他和别人一起画的一幅扇头恰好被进呈给了高宗（庄肃《画继补遗》）。他的传世作品虽有不少，但这幅被题咏的聚扇山水图已不可见。张雨的这首诗，郑元祐、倪瓒、陈方等人均有次韵唱和之作，一并收入《草堂雅集》之中。从张雨的题诗以及几首和诗来看，重点聚焦在画家赵千里和扇画的内容上。由于赵千里是宋宗室，几首诗都点到了他王孙的身份，其扇画则以气势磅礴的山水图景为主，诸诗也都表达了对聚扇命运及其所含流风遗韵的叹惋之情。元人许有壬《宫中鱼水聚扇图》诗：“舒卷清江怀袖间，蠹残犹作画图看。秋风弃掷深宫里，曾恨君恩比目难。”这把扇曾经在舒卷之间就可以一览清江，可惜由于不太使用已经被虫蛀了，后两句还是沿袭了咏扇的文学传统，把弃扇和宫中怨妇的形象勾连起来。上述这些在诗题中明确提到“聚扇”的诗，究竟是指团扇还是折扇，尚不得而知。

在现存可考的文献资料中，元代折扇画的存在是可以确证的。清代乾隆皇帝曾命宫廷画家张若霭将宫中所藏元明两代名人书画扇三百柄编目为《烟云宝笈》，张氏提及明代以前的元人折叠扇画，有盛子昭《秋江渔艇》、王若水《桃花山鸟》两种。近人吴景洲识之云：“夫摺叠聚头，始自南宋。而箑面书画，盛于有明。故明以前之画箑，罕所闻见。此乃有盛子昭、王若水二家之作，则《叶郎园消夏百一诗序》，谓沈、文以前无闻焉者，其说破矣。”（《故宫周刊》）此外，清代书画鉴藏家吴其贞著有《书画记》，记载了他所见到的南宋时期扇面画“林君江南八景图纸扇面八张为一册子”，画者林君具体姓氏已不可考，该扇面为团扇。另外，《书画记》还提到所见元代折叠扇画有“盛子昭青绿泛棹采莲图白纸折叠扇面一张”，以及“谢葵邱捕鱼图白纸扇面一张”，盛子昭是元代画家盛洪之子盛懋，擅长山水花鸟人物，谢葵邱是指元末明初画家谢晋，扇面亦有折痕，为元代折扇画实物的存在提供了有力的佐证。

两宋时期是小品画最为流行的历史时代，也是纨扇册页书画艺术表现的巅峰。伴随着从追求形似的虫鱼鸟兽向大开大合的山水之境流转，画院派艺术家开辟了新的艺术天地。

到了元代，扇面书画艺术一度衰微，这一现象背后的成因有很多，包括宫廷画院机构的裁撤、审美文化心理的变迁、画风好尚的时代演变等。尽管宋元时期扇书扇画的主流载体是团扇，从文献记载来看也零星可见折扇书画作品，元代实为纨扇书画向折扇书画转变的过渡时期。

北宋折扇谜云：折团扇的暗影

之前所介绍的几种扇子，像团扇、羽扇、蒲葵扇等，都属于“柄扇”，即将手柄插到固定的扇面之中，由于扇面扁平，也被称作“平扇”。而人们所熟知的折扇，有数根扇骨，在扇骨一侧粘上纸张，可以自由舒展。折扇形制究竟以何地为起源，尚有争议。但从目前的考古发现和各类历史记载来看，可以肯定的是，折扇是东亚文化圈交融创新的产物。而辨析这一问题的最关键时间节点即在两宋时期。我们不妨逐一审查这些提到扇子的史料文字说的究竟是什么扇，它们的可靠性又如何，再来解答折扇诞生的时间及地点之谜。

曾经入宋的日本僧人奝然为了表示感谢，于端拱元年（988年）再次派遣弟子嘉因等人入宋，以私人身份进献礼品。他此次向宋廷进献的礼品单当中就包括日本产的扇子：

> 金银莳绘扇管一合，纳桧扇二十枚，蝙蝠扇二枚。（《宋史》）

这里提到的扇子共有两种，一种是桧扇，一种是蝙蝠扇。桧扇是用木片串联成的扇子，而蝙蝠扇顾名思义，其形制状如蝙蝠，是后世折扇的雏形。这条文字记录也往往被视为日本折扇传入中国的滥觞。日本江户时代的儒学家塚田大峰《随意录》卷二云："倭语谓叠扇为加波保利，是蝙蝠之倭名，盖以其形似焉名也。异邦素无叠扇，而今有之，效我方之制也。"日人发明折叠扇或许是受到蝙蝠羽翼的启发："倭初无扇，因见蝙蝠之形，始作扇，称蝙蝠扇，宋端拱年间进此。"（郑舜功《日本一鉴》）而北宋端拱以前本土确实没有出现过类似的扇子。

北宋人郭若虚受到家学熏陶，对绘画的鉴赏和收藏很有兴趣，为了接续唐代张彦远的《历代名画记》，就撰成了《图画见闻志》，记载了唐代会昌元年（841年）到北宋熙宁七年（1074年）之间的绘画发展史。其中，卷六"高丽国"条就提到了折叠扇：

> 彼使人每至中国，或用折叠扇为私卖物。其扇用鸦青纸为之，上画本国豪贵，杂以妇人鞍马，或临水为金

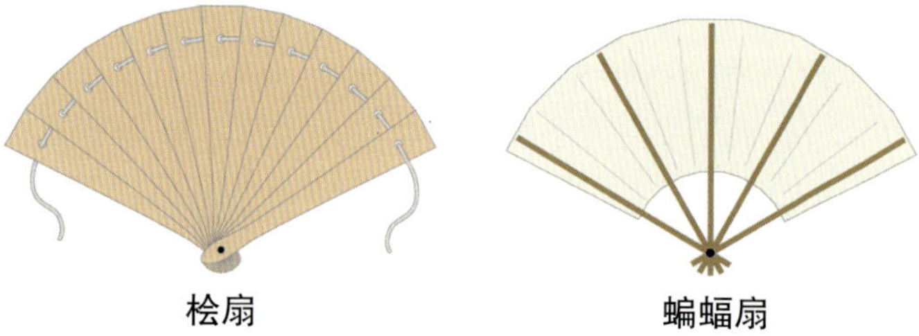

日本桧扇和蝙蝠扇示意图（组扇网，kumisen.com）

> 砂滩，暨莲荷花木水禽之类，点缀精巧，又以银泥为云气月色之状，极可爱。谓之倭扇，本出于倭国也，近岁尤秘惜，典客者盖稀得之。

高丽国的使者趁着出使到中国的机会，往往会把折叠扇作为一种稀有的物件进行贩售。这些折叠扇的扇面上绘有种种精美的图案，泛着金银之色，而它的正式名称叫作“倭扇”，这表明，这种折叠扇原产于日本。无论是高丽使者的私下贩卖，还是郭若虚的评价，都透露出折叠扇在其所生活的年代是非常少见的，更是远未在民间普及，止步于惊鸿一瞥。

在《图画见闻志》成书大约五十年之后，宣和六年（1124年），擅长绘画的徐兢奉宋徽宗之命随同出使高丽，回国以后就把自己出使高丽国的见闻撰成图经，既有文字，也有配图，宋徽宗看了以后非常欢喜，为此还给他升了官。可惜的是，徐兢所画的插图现在已经失传了，只有文字保留下来。其中，在“供张”条中，他提到了四种在高丽看到的扇子，分别是画折扇、杉扇、白折扇和松扇，尤其值得注意的就是画折扇：

> 画折扇金银涂饰，复绘其国山林人马女子之形，丽人不能之，云是日本所作，观其所馈衣物，信然。

他的这段记录同样弥足珍贵，传递出丰富的信息：一是他当时看到的这种画折扇是用金银作为装饰的，和郭若虚《图画见闻志》有互相印证的地方；二是上面所绘的是“山林人马女子之形”，兼有自然山水和人物、动物；三是这种画折扇并不是原产于高丽国，而是日本所制，证据就是扇上所绘人物衣饰都是日本式样的。此外，他还提到了一种相比之下制式较为粗陋的白折扇：

> 白折扇编竹为骨，而裁藤纸鞔之，间用银铜钉饰，以竹数多者为贵，供给趋事之人藏于怀袖之间，其用甚便。

这种白折扇的贵贱取决于扇骨数目的多少，主要是那些当仆役的人把它藏在怀袖之间，用来遮挡地位更加尊贵者的视线。和用来鉴赏的画折扇相比，这些素面的白折扇显然实用性更高，很可能是高丽国自制的物件，但品质就稍次一等。另外他还提到的两种扇子是杉扇和松扇，从他的描述当中可以获知，杉扇就是用杉木的薄片连缀而成，是硬扇，很像日本的桧扇，而松扇则是用木头的柔条编织而成的，其具体形制还有待进一步的考证：

> 松扇取松之柔条细削成缕，槌压成线而后织成，上有花文，不减穿藤之巧，唯王府所遗使者最工。

徐兢所记录的高丽松扇，此前就曾传入中国，还曾经引发过一场大型的文人诗歌酬赠活动。有一个叫钱勰的人，在元丰六年（1083年）出使高丽，次年回国以后就将高丽松扇送给朋友们。收到松扇的文人们纷纷作诗表达感谢。比如黄庭坚所作《次韵钱穆文赠松扇》："银钩玉唾明茧纸，松箑轻凉并送似。可怜远度帻沟溇，适堪今时褦襶子。丈人玉立气高寒，三韩持节见神山。应得安期不死草，使我蝉蜕尘埃间。"颔联提到的帻沟溇是高丽国的地名，意思是说，这把松扇好不容易千里迢迢来到中土，却只能和我这个不晓人事的人做伴。张耒也有《谢钱穆父惠高丽扇》酬赠诗一首，中云："六月长安汗如洗，岂意落我怀袖里。中州剪尽霜雪纨，千年淳风古箕子。"从"霜雪纨"一词中可以看出，高丽松扇的形状和本土纨扇是很接近的，为近圆形。苏轼又次韵张耒的诗作了一首和诗，也提到“裁作团团手中扇”，诗中所用的典故也都是和传统的团扇有关。从上述诗歌作品中可以确定的是，高丽松扇是一种团状的扇子。但在多种明人笔记如《万历野获编》《春风堂随笔》当中，却都记载说苏轼谓“高丽白松扇，展之广尺余，合之只两指”，认为苏轼见到的高丽白松扇是折叠扇。这究竟是怎么回事呢？

朝鲜折扇（中国国家博物馆藏）

公元1597年日本丰臣秀吉发动第二次侵朝战争，明政府派兵部尚书邢玠、麻贵率军赴朝抗倭，因而结识不少朝鲜朋友。回国时，朝鲜友人以各种礼物相赠，此折扇是其中之一

事实上，最早记录苏轼对高丽松扇看法的，可以追溯到生于北宋末年的邓椿所著的《画继》，他生活的主要年代虽然在南宋，但可靠性比明人笔记要高得多，后者引述的源头也正在于此：

> 高丽松扇如节板状。其土人云：“非松也，乃水柳木之皮。”故柔腻可爱。其纹酷似松柏，故谓之松扇。东坡谓：“高丽白松，理直而疏，折以为扇，如蜀中织棕榈心，盖水柳也。”又有用纸而以琴光竹为柄，如市井中所制摺叠扇者，但精致非中国可及。展之广尺三四，合之止两指许。所画多作士女乘车跨马、踏青拾翠之状，又以金银屑饰地面。及作星汉、星月、人物，粗有形似，以其来远，磨擦故也。其所染青绿奇甚，与中国不同，专以空青海绿为之，近年所作尤为精巧。

这里提到苏轼的意思是说，高丽白松扇的编织材料非常柔嫩，可以收拢起来，而明人笔记却断章取义，把苏轼评价高丽松扇嫁接到了后面提到的另外一种折叠扇，又互相辗转引述，就造成了记载上的乌龙。而邓椿所说的“以琴光竹为柄”的这种纸折扇，是当时仅见于国外的精美绘扇。“如市井中所制摺叠扇者，但精致非中国可及”，这句话透露出的信息是，南宋已经有了在市井中售卖的折叠扇，但制式比较简陋，和外国的纸折扇在装饰、染绘和精致程度方面都有很大的差距。从邓椿的细节描述来看，这种进口的纸折扇和郭若虚《图画见闻志》以及徐兢《宣和奉使高丽图经》提到的日本折扇非常相似，都用金银屑作为纸面的点缀装饰，纸面设色为青绿色，上面所绘的图案题材，也和其他记载有重合之处。结合邓椿《画继》中的这段记载，我们也能更加明了徐兢《宣和奉使高丽图经》中的松扇应当是一种用细木条编织成花纹的圆形软扇。

明人笔记显然是把邓椿的观点误会成了东坡所言，此外，苏东坡所提到的“高丽白松，理直而疏，折以为扇”，并非明人习见的平折扇，而是一种折团扇。比如沈德符《万历野获编》就在引用苏东坡之言后接下去记载说：“宫中所用，又有以纸绢叠成摺扇，张之如满月，下有短柄。居扇之半，有机敛之，用牡笋管定，阔仅寸许，长尺余，宫娃及内臣以囊盛而佩之，意东坡所见者此耳。”在明代宫廷流行的这种折团扇展开以后呈圆形，带有短柄，可以想见和北宋时期的高丽松扇是非常类似的。

苏轼之弟苏辙倒是有一首《杨主簿日本扇》，诗云：“扇从日本来，风非日本风。风非扇中出，问风本何从。风亦不自知，当复问太空。空若是风穴，既自与物同。同物起空性，是物非风宗。但执日本扇，风来自无穷。”虽然有不少人把这里的日本扇理解成折扇，并将这首诗视为折扇从日本传入中国的依据之一，但苏辙这首诗的内容本身并未揭示日本扇的形制，而是侧重于从哲理尤其是佛学缘起性空的层面阐发风和扇的关系。单从名称来看，苏辙获赠的日本扇很可能是邓椿《画继》当中提到过的另外一种倭扇："倭扇，以松板两指许砌叠，亦如摺叠扇者。其柄以铜压钱环子黄丝绦，甚精妙。板上罨画山川人物、松竹花草，亦可喜。竹山尉王公轩惠恭后家，尝作明州舶官，得两柄。"这种同样来自日本的扇子和前面提到的高丽松扇应出同源。用木片连缀

古代折团扇近似示意图

而成的日本桧扇，下端用丝线加以固定，木片上亦有彩绘，其叶片虽然也可以重叠收拢起来，但和后世的折扇还是有很大不同。这种扇子并无单独的扇面，而仅有叶片，后来传到欧洲，被称为百褶扇。此外，末句中提到的明州舶官是负责北宋对外海上贸易的职官，明州即宁波，竹山尉王公轩惠恭后为宋徽宗皇后王氏，可见桧扇的流通主要是通过北宋朝廷和日本之间的海上贸易。

再来看看北宋末年华镇《云溪居士集》卷九的一首“高丽扇”诗，诗云：

> 排筠贴楮缀南金，舒卷乘时巧思深。何必月团裁尺素？自多清爽涤烦襟。挥来振鹭全开羽，叠去栟榈未展心。利用已宜勤赏重，更堪精制出鸡林。

“舒卷乘时”说明这种高丽扇可舒可卷，是可以收拢起来的。“叠去栟榈未展心”一句，则揭示了扇子的形制，栟榈是一种类似蒲葵的植物，这句诗形容扇子折叠的时候是向心收拢的，就像栟榈的叶子向心拢起一般，和邓椿《画继》中苏轼所云“如蜀中织棕榈心”相仿。末句所谓的“鸡林”则是指王云《鸡林志》提到的高丽扇。可见，这把高丽扇是折团扇的可能性很大。明人方以智《物理小识》就提到，蜀地有折团扇、折掌扇。清人俞樾《茶香室丛钞》怀疑，当时在杭州售卖的一种扇子，它的特征是“舒之则为团扇，敛之

现代纸制折团扇

则与折扇无异者”，很可能就是古代的折团扇。

通过对历史记载和文学作品的梳理可知，蝙蝠扇（折扇的前身）和桧扇最早是由日本作为贡品传入中国的，古代高丽国则在其中起到了中介的作用。除了日本入贡的扇子以外，还出现了形制介于折扇和团扇之间的折团扇。折团扇可以卷舒，形状更接近纨扇。我们读到的北宋人所提到的折扇，其实往往都是这种折团扇，而非我们所熟悉的扁折扇。到了元代，由于审美文化等观念的差异，扇文化遭到了一定程度的冷落，日本贡扇和本土团扇的使用皆有所不彰，这种情况一直持续到明代初年。来自日本的折扇借助贡品的身份再度成为瞩目的焦点，通过朝廷颁赐的方式得以在民间获得仿效和推广，并催生了本土的仿制折扇。随着制扇工艺的演进和折扇文化的普及，折扇的制作也逐渐趋于精良，成为明清之际文人雅士的必备用品。有趣的是，日本蝙蝠扇仅在扇骨单侧粘上纸面，而中国的折扇对此作了改良，糊以双侧纸面，在明清之际又反向输出到日本，成为新的“唐扇”典范，这或许就是文化交流的意义和魅力所在。

元明之际折扇
与团扇势力之消长

折扇在北宋始终算是一个非常稀罕的物件，所以提到折扇的诗词作品屈指可数。到了南宋，吟咏折叠扇或聚头扇的诗词作品开始大量涌现，但其中所咏的折叠扇是否就是后世的扁折扇，仍然需要进行仔细的甄别。根据现存相关的文字记载可以推断，一直到13世纪初，折扇还是一种相当罕见的舶来品。南宋许多题为折叠扇或折扇的诗词作品所吟咏的对象仍然是类似高丽松扇的团状折扇。而到了元代，无论是团扇还是折叠扇，都受到了一定程度的冷落，扁折扇的真正流行还要等到明朝。

前面我们提到北宋诗文中的折叠扇，往往是折团扇，再来看看南宋的情形。洪迈《容斋随笔》记载：

宋代朱漆戗金莲瓣式人物花卉纹奁（常州博物馆藏）

图中居中人物手中所持应是蝙蝠扇

（朱新仲）有《摺叠扇》词云："宫纱蜂赶梅，宝扇鸾开翅。数摺聚清风，一捻生秋意。摇摇云母轻，袅袅琼枝细。莫解玉连环，怕作飞花坠。"公亲书稿固存，亦因张安国书扇，而载于《于湖集》中。

朱新仲的这首词应为宋室南迁后所作。虽然该词题为“摺叠扇”，但从词句来看，这种折叠扇仍然是更接近于高丽松扇的团状折扇。“数摺聚清风，一捻生秋意”，形容折叠扇合拢的时候仿佛凝聚着清风，用手搓开之后马上就能感受到迎面而来的凉意，证明这确实是一柄可以收敛起来的扇子。据词作末尾所云“莫解玉连环，怕作飞花坠”，又暗示扇子是用类似团状玉连环一样的方式钩织而成，如果不小心解开就散开来了，也说明这把折扇是圆形的折团扇而非扁折扇。

宋金时期还有一首较为知名的咏聚骨扇的词作，为金章宗完颜璟所作《蝶恋花·聚骨扇》：

几股湘江龙骨瘦，巧样翻腾，叠作湘波皱。金镂小钿花草斗，翠绦更结同心绶。金殿日长承宴久，招来暂喜清风透。忽听传宣须急奏，轻轻褪入香罗袖。

这首词的上阕描述了聚骨扇的外形制式，“湘江龙骨”指的是湘竹制成的扇骨，“巧样翻腾，叠作湘波皱”，说的是扇子收拢之际的动态情状。这把扇子上不仅有金饰螺钿，而且还附有翠绿色的流苏。下阕则转向了主人日常把玩此扇的鲜活场景，听到有人入报急奏，这位帝君就把小扇悄悄地藏进袖子里。词的作者完颜璟善诗文，工书画，在位期间非常推崇汉族文化。由于完颜璟身份特殊，他的这把聚骨扇很可能是来自高丽的贡品，至于到底是类似松扇的折团扇还是画折扇，从词作本身实难得出定论，但可知绝非本土原产的折叠扇。

还有一则直接提到折叠扇的材料，来自南宋赵彦卫《云麓漫钞》卷四：

> 今人用摺叠扇，以蒸竹为骨，夹以绫罗，贵家或以象牙为骨，饰以金银，盖出于高丽。《鸡林志》云："高丽叠纸为扉，铜兽靥环，加以银饰，亦有画人物者，中国转加华侈云。"

《云麓漫钞》这本笔记成书于13世纪初，考辨详博，其所征引的《鸡林志》则是北宋元丰年间王云所作，王云曾经担任出使高丽的书记官，回国以后就写下《鸡林志》，他的记载可信度也比较高。可见，南宋人已经开始用竹子或者象牙作为扇骨，用金银作为装饰，来仿制高丽的折叠扇，但这种折叠扇的具体形制仍有待确证。

描写南宋都市生活场景和风俗习惯的多种知名笔记都不约而同地提到了扇铺的存在。根据《西湖老人繁胜录》的记载，南宋都城临安不仅设有纸扇行，也有专修破扇的行当。吴自牧《梦粱录》卷十三也提到，杭城自淳祐年间有名相传的店铺之中，即有中瓦子前徐茂之家扇子铺、周家摺揲扇铺、陈家画团扇铺等三家扇铺，早市上有“细画绢扇”“细色纸扇”“漏尘柄扇”“异色影花扇”“藏香细扇”，夜市上则是“梅竹扇面儿、张人画山水扇，并在五间楼前”，所售扇子品类之丰富、做工之精致皆远超想象。按照现下时兴的说法，这些店铺致力于在垂直领域做到极致，专售一种类型的扇子。署名灌圃耐得翁所著《都城纪胜》也记载了当时南宋都城临安城内铺席遍布的盛况，其中也不乏扇铺：

> 又有大小铺席，皆是广大物货，如平津桥沿河，布铺、扇铺、温州漆器铺、青白碗器铺之类。且夫外郡各以一物称最（如无纱洪扇、吴钱之类）。都会之下皆物所聚之处，况夫人物繁夥，客贩往来，至于故楮、羽毛、扇牌，皆有行铺，其余可知矣。

南宋扇行扇铺的涌现固然显示出油纸扇、团扇等在日常生活中的使用已很普遍，但结合宋人诗文中提到团扇和折扇的篇幅和内容可知，如果《梦粱录》所提及的“摺揲扇”已

右为伊尔根觉罗·莽鹄立《执扇就座仕女图》（美国费城美术馆藏）

伊尔根觉罗·莽鹄立（1672—1736），字树本，满洲镶黄旗人，清朝大臣、画家

在民间大量流通，却鲜少被人特意提及，未曾成为文人之间现象级的话题，这种摺揲扇显然就有别于明清之际扇面有书画题签的扁折扇。

生活在宋元之际的周密《癸辛杂识》续集卷下“倭人居处”条，提到日本聚扇的特点：“其聚扇用倭纸为之，以雕木为骨，作金银花草为饰，或作不肖之画于其上。”有扇骨，有金银花草或其他彩绘，扇面为倭纸，这些线索明确指向了画折扇，也表明到了宋末元初，日本折扇逐渐在国内的日人聚居地流通，但是否存在本土自制或仿制者仍阙疑。

无论是作为贡品还是贩售商品，在宋金时期，来自日本或高丽的折扇普遍都很受欢迎。但到了元代，由于文化观念或审美取向的差异，折扇并没有受到太大的追捧，不过元代文人也不乏吟咏日本扇的诗歌作品。例如，元人贡性之《倭扇》诗云：“外番巧艺夺天工，笔底丹青智莫穷。好似越裳供翡翠，也从中国被仁风。”单看这首诗并不能得出此处所写倭扇的具体形制，只能由“笔底丹青智莫穷”一句推测出扇面绘画较为精美，更多的还是颂扬朝贡体系以及表达教化远播的自豪之情。元人洪希文《书倭人摺叠扇》诗云：“异域憎怜或不通，云胡寒暑此心同。卷舒默寓行藏意，绘画深知采色工。范笔何妨书大暑，规尘莫遣污清风。”这首诗的诗题倒是明确了所咏对象为摺叠扇，也提到“绘画深知采色工”，与前述《倭扇》不约而同地提到由于倭扇画功深厚而受到时人的赏识。

目前本土传世最早的扇面作品是上海博物馆所藏宋代无名氏绢本《柳桥归骑图》，然而此图虽符合折扇扇面式样，但画面并无折痕，且仅此一例。从扇面比例来看，纵15.7厘米，横29厘米，和后世常见的折扇纵横比亦有差距，所以此图基本被认定为是扇形的宫灯灯片画而非折扇画。

可以说，两宋时期没有折扇扇画的实物留存，而关于南宋折扇画的记载，在明代文人的笔记当中偶有提及。如明人

宋无名氏《柳桥归骑图》（上海博物馆藏）

经专家鉴定，此扇时代不会晚于南宋。构图上大下小，与折扇形制同。但由于画幅短，又没有折叠穿骨的痕迹，被疑非真正的扇面，而是扇面形式的灯饰

陆深云："予收得杨妹子所写绢扇面，折痕尚存。"（《俨山外集》卷五）杨妹子，即宋宁宗皇后杨氏，她擅长书法，留下不少书题作品，然而陆深所藏者现下已佚，未知是否确为杨氏真迹。再比如，明人詹景风《詹东图玄览编》中记有他曾经看到过南宋的素绢折扇画：

> 马远竹鹤、马麟桂花二册，本是一折叠扇两面，与金折叠扇式无异，折痕尚在，皆素绢为之，远一面稍破损。

马远和马麟父子是南宋知名的山水画家，是南宋画院体系风格的代表。据说此画上有折痕，但亦为孤证。再如清人赵翼《陔余丛考》卷三十三考辨折扇的本土起源谓：

> 又丰坊云：家有赵彦所画摺扇。金章宗题摺扇词云……则摺扇非始于元，盖宋金时已有之，特其时尚未盛行，民间犹多用团扇。

丰坊是明代的书法家，家中历代富有藏书，其藏书楼号万卷楼。据他所说，他收藏的画折扇作者为赵彦。赵彦是南宋的一位民间画家，擅长画扇："赵彦，汴人，居临安，不入画院，开市画扇得名，作人物山水细碎深远。"（《画史会要》）然而，丰坊虽然是知名的藏书家，同时也是一位作伪大师，他凭借家中所藏诸多宋元珍稀抄本，伪造了许多古书，则其所言亦未可尽信。

总而言之，两宋时期文人笔记和诗文创作中出现的折叠扇，或是指日本进贡的折叠扇，或是指可以收拢起来的折团扇，而极个别出自明人追记的宋代扁折扇尤有可议之处。毋庸置疑的是，宋人持扇的主流仍然是团扇，两宋皇帝御笔亲书也多为白团扇，文人书画题签的扇面绝大多数也是团扇，诗文创作中提及团扇的比例也远远高于折扇。比如，陆游诗词作品中多次提到“团扇”的意象，其著者如“吴中近事君知否，团扇家家画放翁”，这句诗是陆游午夜梦回之际的怀想，假想此后家家户户的团扇上都有自己的画像，据此亦可见出团扇在南宋最为常见。倘若在宋金时期扁折扇已经广为流行，那么无论是笔记小说还是文学创作都不可能对此未置一词，留下如此巨大的空白。

一直到明代，折叠扇才取代了团扇，成为从宫廷到民间最受欢迎、流播最广的扇子类型。由于折扇文化在元代出现了较为显著的“断层”现象，对于折扇在元代未能大规模流行的解释更多地来自明人的追记。由于审美经验和文化心理的差异，在元代折叠扇被视为下等人的用品而遭到冷遇。折叠扇又被称为撒扇，因为收拢的时候折叠，而使用的时候要撒开。明人陆容《菽园杂记》谓：“闻撒扇自宋时已有之，或云始永乐中，因朝鲜国进松扇，上喜其卷舒之便，命工如式为之。”这条记载虽然对折扇开始流播的时间语焉不详，只是提出大约在明代永乐年间以朝鲜国进贡松扇为滥觞，而且按照前面的分析，高丽松扇是一种折团扇。这些追溯折扇起源的记载中比较可靠的说法是，明代折扇的风行有赖于从朝廷到民间的自上而下的推广。李日华《紫桃轩杂缀》卷四谓："摺叠扇……我明永乐间，稍效为之。今则流行浸广，而团扇几废矣。"也明确指出明成祖朱棣在折扇自宫廷至民间推广的过程中发挥了极为重要的作用。清赵翼《陔余丛考》所引冯时可《蓬窗续录》亦云："贡自东夷，永乐间乃盛行。"类似的记载还有不少。明人陈霆的说法相对完整，对宋元明折扇传入、流行及折扇团扇的兴替都做了解释：

> 宋元以前，中国未有摺扇之制，元东南夷使者持聚头扇，当时讥笑之。我朝永乐始有持者，然特仆下人用以便事人焉耳。至倭国以充贡，朝廷以遍赐群臣，内府又仿其制以供赐予，于是天下遂遍用之。而古团扇则惟江南之妇人犹存其旧，今持者亦鲜矣。（《两山墨谈》卷十八）

他的说法和同时代人也略有差异，比如他认为永乐朝的聚头扇仍然是下人的专属物品，而日本进贡的折扇才是御赐折扇的源头，其后内府仿制才风行天下，而对折扇在元代遭遇文化壁垒的描述则是颇为一致的。从前述元人诗歌来看，当时完全抵制或者拒斥折叠扇的情况并不存在，折叠扇也曾是元代文人寄情翰墨的对象，只不过远远不如明代那么流行罢了。团扇的地位则显然一落千丈，沦为“江南之妇人”的专属物。不过，比他早一个多世纪的陆容《菽园杂记》就已经提到：“南方女人皆用团扇，惟妓女用撒扇。近年良家女妇亦有用撒扇者。此亦可见风俗日趋于薄也。”江南女子习用团扇可能是旧俗使然，而折叠扇则是新兴的风尚，且不拘男女皆可用之。

《续文献通考》记载了明世宗嘉靖四年（1525年）四川一地年度贡扇的数量：“三月，四川布政司进年例川扇一万一千五百四十把；蜀王进金钱铰扇一千二把及篦扇六十把。夏四月，命四川布政司仍造川扇柄小者增二百把，细巧者五百把。”仅是入贡的数量已如此巨大。沈德符论川扇云：“聚骨扇自吴制之外，惟川扇称佳，其精雅则宜士人，其华燦则宜艳女。至于正龙、侧龙、百龙、百鹿、百鸟之属，尤宫掖所尚，溢出人间，尤贵重可宝。”（《万历野获编》卷二十六）制作精良的川扇可谓男女皆宜，内廷所尚的龙凤彩绘尤其为民间所宝贵竞逐。

嘉靖十三年（1534年），明朝官员陈侃奉诏出使琉球，琉球王向使节团馈赠了黄金四十两，陈侃表示拒绝，琉球王感念之下即以折扇相赠：

王愕然曰：“天使言必称君，动必比义，清知过矣！”遂不敢强，复手持泥金倭扇二柄，乃曰：“天使远来，赐清以弁服，即清之师也。此别不复再会，挥此

或可以系一念耳！”予等悯其情受之。各答以所持川扇，彼喜不自胜，再拜而别。（《使琉球录》）

琉球是明朝的蕃属国，接受明朝的册封，同时也有朝贡的义务。从这段记录来看，当时琉球王室亦以泥金倭扇为上等馈赠佳品。《使琉球录》里面“贡物”项还提到有櫂子扇，是日本扇的一种，虽不是直接产自琉球，但也是蕃属国尽力搜求的精品。而使节团回赠的川扇，则是中国产的折叠扇，可见折叠扇在外事活动中亦已占据重要位置。

在清代，折扇始终长盛不衰，备受青睐。方以智《通雅》云：“摺扇起于东裔而盛于今日。折扇之妙，则此时为盛。古但有团扇直扇，如张敞便面之类耳，方面障面竹纸薄扇也。”明清之际的折扇收藏之风也愈演愈烈。一直到清代道光咸丰年间，由于团扇书法的技法有了创新突破，团扇的使用也一度迎来复兴，但这仅是回光返照，至近代仍趋于湮没。近人陈培锟《岁寒居士集》“折扇”条云：“予幼时见前辈多用团扇，间有用折扇者，今则多用折扇矣。”伴随团扇的式微，团扇所独有的佩饰也随之消亡，扇坠就是其中一例。顾清《东江家藏集》谓：

古者中国男女通用团扇，团扇之制不便于怀藏，故以组贯物于其柄。遇执事则以为重而悬之带间，谓之扇坠。好事者或刻玉石，为人物虫鱼之形而因以为玩。及摺扇行，此制遂废。虽时或流落人间，而用之者鲜矣。

从宋代开始，团扇扇坠逐渐流行起来，而明代折扇虽偶见扇坠，但扇坠终究随着团扇的式微而一蹶不振。

宋元之际，团扇仍占主流；明清以后，折扇风行天下。团扇被开合自如的折扇所取代的原因有很多，既有民族审美心理、文化趣味、时代风尚迁转的宏观因素，也有上位者提倡、内廷喜好等的偶发原因。与此同时，折扇承载的艺术文

明代陈子云橄榄核雕松下高士扇坠（台北故宫博物院藏）

橄榄核高仅三厘米许，通景构图，采用高浮雕、镂刻等手法刻画了松荫、渔船、人物等，人物表情生动，细节处理极为讲究，工艺高超

化空间较之团扇显然要更为宽广，意味着创新文艺样式的到来。元明之际折扇与团扇的势力消长，反映了本土扇文化逐渐雅化的发展方向，彰显了扇子从实用工具向艺术品迈进的可能性。

南宋林椿《花发果熟》

卷舒之间咫尺千里：吴门画派的折扇山水画

此前，我们在谈及唐代僧人楚安的团扇画艺时，曾约略提到尺幅大小和画作题材的相应关系。山水作为客观物象出现在画中的创作实践早已有之，但作为独立的专题艺术门类的山水画则要等到魏晋时期才产生，这和当时兴起的玄学思潮有着非常密切的关系。从相关的文献记载来看，从魏晋到唐代以来的扇画题材，基本上以山水楼台和花鸟虫鱼等为主。由于这些扇画扇书集中在绢本或纸本纨扇（团扇）上，从创作形式方面对书法者或者画家来说并不构成特殊的意义或挑战，在题材上也没有特别的创新。近世以前的绘画或书法对扇子而言主要起到锦上添花的作用，往往是扇子的装饰物和附庸，艺术表现也相对简单。

到明清之际，折扇逐渐成为文人雅士的爱物，文士阶层对折扇扇面、扇骨等的制作工艺提出了更高的要求，折扇逐渐成为区隔人们阶层身份的重要表征，团扇变成了闺阁的专属用品。在折扇上题写书画，演变为折扇美学价值的重要构成。为了更好地保存有价值的折扇画，匠人们需要把纸面从成扇的扇骨上揭下，再重新裱褙，把扇面粘贴成为册页。受此影响，明清之际的折扇书画还产生了一种新的作品样式，即折扇形的册页。这些册页外观和折扇撒开以后的扇形一致，但并无折痕，其实是直接在裁剪成扇形的纸张上作画。与此同时，折扇的实用属性不断削弱，扇面的装饰性则不断增强，折扇的收藏和鉴赏理论也随之丰富。更重要的是，折扇扇面的形制和构造为传统书画艺术设置了新的难题，为扇绘技艺的更新制造了条件，扇绘题材也有了极大的拓展，使得折扇真正成为文士阶层的怀袖雅物。

根据记载，明太祖朱元璋曾经把日人进贡的泥金扇赏赐给大臣："倭夷入贡泥金扇最佳，先以金箔作底，上施彩色。高皇帝曾赐近臣桂太傅彦良，慈人也，其子孙藏有一柄。"（明余永麟《北窗琐语》）由于明初只有贡品折扇，又为御赐，殊为珍贵。这位桂彦良桂太傅就在泥金扇上题写了诗歌，其中描写扇绘及其形制的诗句云：

扶桑日华移上苑，锁网珊瑚弱水浅。香山写入画图中，金鳌腾空怒涛卷。黑云忽散丹霞飞，江芦萧萧月半规。无穷变化不可测，俯仰神仙知是谁。稜稜墨竹十二

茎，不方不圆齐短长。随时卷舒足称意，一寸机关那可量。（《北窗琐语》）

这柄贡扇的扇绘图案为临江之景，提到的香山或为日本富士山，金色的大龟从波涛汹涌的江水中腾跃而起，此时黑云退散晚霞升起，江边的芦苇一片萧瑟，空中正有一轮弯月。“墨竹”句则是说这柄扇子由十二根长短一样的黑色扇骨组成，收拢以后扇子的长度约一寸左右，用舍行藏都非常便利，所以比团扇更加实用。这首诗在最前面还提到扇子被“恩赐千官”，当然是夸张的艺术手法，贡品折扇在明初仍是物以稀为贵。朱元璋自己也写过《倭扇行》，但主要聚焦在对日本国风俗的评议上。在洪武年间，这种赐扇行为已是常态。不过，明初统治者对此类卷舒自如的彩绘“倭扇”的喜爱，仅限于内廷，民间大规模仿制并创新本土折扇还要等到永乐年间。

在目前传世的实物折扇画作品中，时间最早的当为故宫所藏明宣德二年（1427年）春日明宣宗朱瞻基所绘《山水人物扇》。不过，这幅出自御笔的折扇画并不典型，其宽度为0.58米，总长度为1.51米，堪称巨制，和后来的文人折扇画作有着明显的区别。这幅折扇画一面为“松下读书”图，一面为“柳荫赏花”图，应是纯粹用来观赏的工艺扇。这也显示出明初本土的自制折扇，在扇绘创作方面还没有形成自成一体的风格，对与团扇/纨扇明显有别的弧形扇面的适应和

明代朱瞻基山水人物扇，一面为“松下读书”，一面为“柳荫赏花”（故宫博物院藏）

扇面款署：“宣德二年武英殿御笔”，钤“武英殿宝”。此成扇双面所绘均为高士醉情山水之景，笔法简洁，设色明快，画面活泼，为朱瞻基系列书画作品中不可多得的精品

利用也稍显不足。但无论如何，这柄《山水人物扇》仍然具有特出的意义，为明代中叶文人折扇书画的兴起奠定了基础的范式。

明人汪砢玉《珊瑚网》卷二十三曾录祝枝山论扇书谓：

> 书聚骨扇，如令舞女在瓦砾堆上作伎，飞燕玉环亦减态矣。呵呵。

这句话用比喻的方式说明，祝枝山认为在折扇上题写书法较之一般的书题难度更大。同时也表明，在折扇上题书的风气在祝枝山生活的时代（约成化至正德年间）很可能刚刚开始流行，如果这已经是常规做法，则以书法名家者必然不会有这番议论。前面提到过的李日华《紫桃轩杂缀》卷四也能够佐证书画折扇获得长足发展的时间点在成化年间：

> 至于挥洒名人翰墨，则始于成化间。近有作伪者，乃取国初名公手迹入扇，可哂也。

折扇的风靡始于明代永乐年间，而邀请名家在折扇上题书的流行则要迟至成化年间才出现。李日华本人生活在万历年间，而他也指出，当时已经有将名人书画重新裁剪成扇面作伪的现象，如果碰到落款为明初名家的扇面作品，很可能就是赝品。

祝枝山之所以把在折扇上题写比作在瓦砾堆上起舞，也很容易理解，因为折扇书法远比平扇书法更富有挑战性。一是扇面凹凸不平；二是书写尺幅形状较之传统的纨扇无疑非常特殊，呈上宽下窄半圆之势，需要作者审慎思考和安排书法作品的结构；三是折扇扇面规格亦在在不同，须“因地制宜”。不仅书法如此，绘画也是如此。但是反过来看，若能充分利用折扇的特点进行布局创作，也能收到平扇书画所不能取得的奇巧效果。

江南吴中地区的沈周、文徵明、唐寅和仇英是明代文人折扇书画风气的开创者。清人吴荣光题《文徵明书画扇册》云：“到明代四家，唐、沈、文、仇始为书画，蔚为吴下人书画扇面之风气。”唐、沈、文、仇四人本来就是“吴门画派”的代表人物，并称“吴门四家”。当时的折扇扇面分为画面和素面，制扇时已有画工彩绘者称为画面，扇面空白者为素面，但素面扇亦有各种设色，如泥金、洒金等。很多人都花重金乞请吴门画家在素扇上作画，因此后者留下的传世作品中折扇书画以及折扇册页作品都非常丰富。

明代文人折扇书画中最突出的主题为山水画，并且主要继承了北宋中后期兴起的文人画传统。前文提到，宋代院体画派重视形似，长于表现花鸟虫鱼等工笔细描的小品画，但也有提出“三远”理论的如郭熙等山水画家，而以宋代士大夫阶层为主导的文人画更重神似神韵，其实践最初亦源于山水画，注重表现山水之间简淡疏泊的意趣。在两宋时期，院体画和文人画也有互相渗透、互相影响的一面，比如，北宋宗室子弟赵令穰曾向宋哲宗进献自己的画扇：

> 宗室令穰，字大年……尝因端午节进所画扇，哲宗尝书其背云：“朕尝观之，其笔甚妙。”因书“国泰”二字赐之，一时以为荣。（《宣和画谱》）

明代松江画派董其昌《画旨》曾经议论赵令穰的画风：

> 赵大年令穰平远绝似右丞，秀润天成。真宋之士大夫画，此一派又传为倪云林，虽工致不敌，而荒率苍古胜矣。今作平远及扇头小景，一以此两家为宗，使人玩之不穷、味外有味可也。

董其昌提出赵氏之作乃“宋之士大夫画”，认为其后继者为元代画家倪瓒，虽然后者不够工笔细致，但其山水景观的精神令人一望即知。董其昌本人亦有仿倪瓒山水画所作的折扇扇页及成扇作品。另外，这里的“士大夫画”虽然不完全等同于文人画，但具有一定的相似性。

而倡导文人画的代表人物苏轼曾经在看到吴道子和王维两人的壁画后感叹：

> 吴生虽妙绝，犹以画工论。摩诘得之于象外，有如

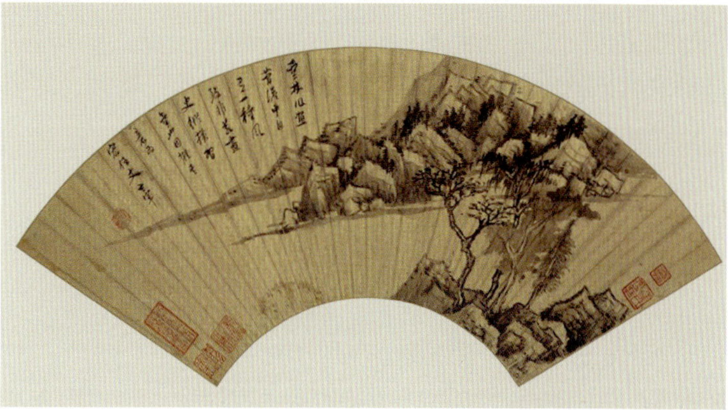

明代董其昌仿倪瓒山水图扇页（故宫博物院藏）

扇页有自题："云林作画，简淡中自有一种风致，非若画史纵横习气也。因拟其意为宏伍丈，玄宰。"钤"董其昌印"白文印。此作构图仿倪氏标准的"一河两岸三段"模式，画面空间层次鲜明，山石行笔仿倪氏折带皴法，线条勾勒以侧锋为主，笔墨整体苍逸，表现出疏朗清雅而又超逸萧疏的意境

明代董其昌仿倪瓒山水成扇（故宫博物院藏）

扇面自题："云林山水无画史习气，时一仿之，十指欲仙。玄宰。"钤"昌"朱文方印。与上一幅相比，此扇面将一河两岸式的高远构图变通为平远之景，近处为亭树，远山隔水相望，意境空疏寂廖

仙翮谢笼樊。吾观二子皆神俊，又于维也敛衽无间言。（查慎行《初白庵诗评》）

吴道子所画虽工，但王维画作已然超越了“象”的层面，高下之分已是判然，苏轼本人的艺术倾向也不言而喻。以明代吴门画派为代表的折扇山水画，正有取于文人画的此种见地。

明四家之首的沈周，淡泊仕途，醉心书画。他擅长把书法趣味融入画作之中，以减省的书法用笔来作画，并将文人的隐居生活主题和山水画结合在一起。例如，在沈周所绘《秋景山水》扇页中，画面右侧是顺着扇缘而延展的峰壁，左侧有亭子，有深林，画面中央偏右的地方则是一位友人到访，隐士出门迎接。整个画面既富有真实的隐居生活的情蕴，又表现出远山深林的深远意境。此外，沈周也有大量仿元代画家倪瓒笔意创作的山水画图轴。

文徵明出于沈周门下，精通书画诗文，可谓青出于蓝而胜于蓝。相传其九十岁时还能以小楷书扇，可见其对书画扇艺把握之精绝。其山水画亦承自宋元名家，有不少体现文人生活的题材，包括出游、雅集、赏月等，体现了文人画的精神气质。在沈周和文徵明那里，折扇山水画不仅可以用来互相题签赠送，从事折扇山水画的创作本身，也是文人雅士社交生活的重要组成部分，寄托了文人雅士隐居林泉的理想。

仇英的山水画较之其余几家更为精致细腻。清人陈梓曾亲见仇英成扇扇面书画一件：

> 仇英实父画人物极工，所见便面绝少文待诏，工书而蝇头楷亦不多得。向寓遯野外舅出示金箑两面，前后赤壁，英手笔也。东坡须眉如生，山石烟树，迥出尘外，尤可珍者。待诏年八十八，各书一赋，仅方径寸半，字细如发丝，而笔画端丽神妙，几不可测。（《删后文集》卷四）

明代沈周《秋景山水》扇页（台北故宫博物院藏）

画面中所描绘的“草亭独坐”和“山居客至”两个场景，既可以看成是画家本人山居生活的写照，也可以看成是画家对隐居生活的向往与美好想象，展现了文人的理想追求

可见，仇英所绘人物力求形似细致，而其笔下的“山石烟树”则俊逸缥缈，可以说是兼有两宋院体画派和文人画之长。张大复《梅花草堂笔谈》也谈到明代吴门画派画家的作品风格：

> 李昭者，不数骨，坚厚无洼窿，挥之纯然。见外舅顾孚陈家有陈白阳手笔，兰花、水仙，对人欲笑。马勋者，见仇十洲为周氏写《六观堂图》，如丝如发，宫室、竹树、器皿、畜牧，毕具堂外，广庭不盈咫，庭中母鸡哺数子，嘴距宛然，不碍庭广，其致圆根疏骨，阖辟信手。

文中提到的陈白阳即明代花鸟画家陈淳，是文徵明的弟子，其工笔花鸟清新可爱。而另一位仇十洲（即仇英）所绘的《六观堂图》，画面庭院之中的摆设可以说是纤毫毕具，甚至连母鸡哺子的嘴距都清晰可见。这说明，明代吴门画派本就具有融合的倾向，兼顾形似和神似之美。

吴门四家之一的唐寅，以贩卖书画为生，他非常善于在弧形的折扇扇页上表现山水之美。如下图所示的《松荫高士》扇页，画面两侧皆以水墨作疏淡山水，中央则安排了巨松和高士。不难看出，这幅扇页和明初明宣宗《松下读书》图题材存在相似之处，但在扇绘布置上恰好形成了对比。《松下读书》图比较像拉近人物的特写镜头，而唐寅的画更

明代仇英扇面山水图

画面是仇英一贯的青绿山水画，画面左下角为隐士问路，右侧为楼台，构图巧妙，富有情境

注重表现山水巨松等外部环境，体现出高士以山水自适怡情的抱负。此扇页上还有文徵明的一首题诗：“城中尘土三千丈，何事野翁麋鹿踪。隔浦晚山供一笑，离离自映夕阳松。”此诗不啻是对画面的一种补充，这位高士舍弃城中的尘土飞扬，而甘愿追寻麋鹿的踪迹，在夕阳映照的巨松之下，和远处的深山隔浦相望，体现了高士出尘的抱负追求和人格理想。

到了明代后期，随着折扇的风行，折扇题写已经蔚为风气，甚至超越了纸笺题写的地位："今则以扇乞书者多于纸矣。然元以前多用团扇绢素为之，未有摺者。元初东南夷使者持聚头扇，人共笑之。国朝始用摺扇，出入怀袖殊便。然汉张敞以便面拊马，则又似今之摺扇也……吴中泥金最宜书画，不胫而走四方，差与蜀箑埒矣。大内岁时每发千余，令中书官书诗以赐宫人者，皆吴扇也。"（谢肇淛《五杂俎》卷十二）文中提到，蜀地和吴中制扇工艺最佳，而吴中所产的泥金扇又最适合用来题写书画，明朝宫内所赐书扇也多采用吴扇。

生活在明末崇祯年间的朱谋垔《画史会要》卷三提到当

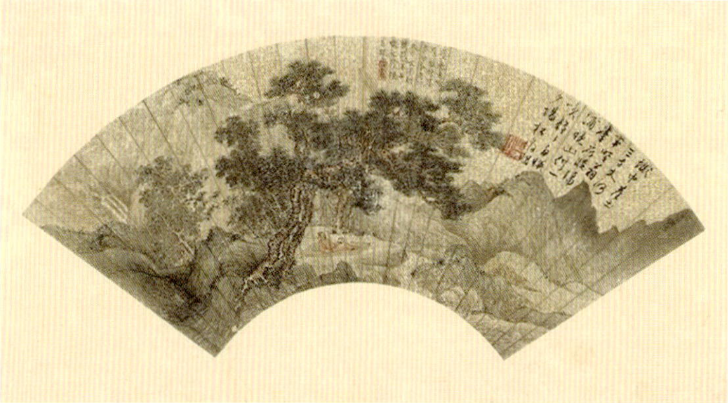

明唐寅《松荫高士》扇页（台北故宫博物院藏）

此扇页注重表现山水、巨松等外部环境，而不是像朱瞻基的"松下读书"图那样突显人物，体现出高士以山水自适怡情的抱负

时所见的日本山水绘画风格："日本国，其国写风物山水设色甚重，多用金碧，殊方异域留意绘事，亦可尚已。"从北宋偶见的彩绘倭扇，到明末的日本山水画，其共性就是大胆设色，以金银青碧为主，追求明艳的视觉效果，而日本折扇对明代折扇山水画的影响也主要体现在泥金和洒金扇面上。

折扇在清代同样也是文人的必备物品，清廷每年用扇的数量也非常庞大，如清人刘廷玑《在园杂志》云："定制每年多造重金者进御，一面命待诏书写端楷，一面命画苑绘画工致，预于五月一日进呈，以备午日颁赐嫔妃宫女。其钉铰眼钱皆用精金，每扇价值五金。"清代折扇更为考究，扇面书画艺术也更加精致。清人王芑孙为了在折扇上题写书画的方便，还特意向友人请教仿制了一张扇弓："折扇展之凹凸，不便于书画。今削竹为弓，以其靶抵扇跟，穿两弰，绊其边骨，则扇自张而其面平矣。"（《渊雅堂全集》卷十九）素面成扇的凹凸不平确实对书画者的创作造成了不利的影响，为此人们还特意制作了趁手的工具。从这段描述中，可以想见这把特制的扇弓弧度应当是和折扇扇面一致，其十字交叉的部分用来固定扇把，让弓弦的部分套住扇面的上沿，从而让成扇的纸面变得更为平整，以利创作。

朱自清先生写过一篇文章，叫《论逼真与如画》，他提出一个很有趣的问题：古人碰到好的绘画，经常夸奖说"逼真"；碰到美的景致，又经常夸奖说"如画"。所谓"逼真"，是艺术向自然靠近；所谓"如画"，是自然向艺术靠近。到底哪一样更好？他的解释是，这两种说法适用对象不同，并不矛盾。“逼真”一般用来讲花鸟画、人物画，“如画”一般用来形容自然山水。“如画”不只是说画得像而已，而且致力于营造出一种境界，表现出山水蕴含的精神。可以说，“如画”不仅是北宋文人画的追求，也是明代吴门画派对折扇山水画的追求。不少吴门画派的作者没有固定的收入来源，以书画为生，经常和城市的喧嚣保持一种淡淡的疏离，他们没有停留在对写意山水穷形尽相的刻画上，而是把自己的真实生活也过成了山水画中隐士的模样。

近世扇业的崛起

折扇在东亚文化圈的流布和朝贡体系关系密切。折扇在明代的流布缘起于皇廷对贡品倭扇的喜爱。生活在明初的王绂曾写过一首《倭扇谣》：

> 倭人茧纸摺为扇，缺月生辉银满面。阙下年年多贡余，都人重购何纷如。杭工巧黠思争利，效倭为扇浑无异。价廉百十人不慊，说是倭来方道地。倭来道便经杭州，廉价却将杭扇收。倭收杭扇堪惊怪，转眼街头高价卖。买扇还家夸扇真，街头持卖真倭人。（《王舍人诗集》卷二）

这里就提到了当时发生的一个有意思的现象：日本扇作

为贡品受到欢迎以后，杭州当地的扇铺看到其中的商机，于是纷纷仿制售卖，但是本地顾客都认为原产自日本的折扇才最地道，价廉物美的杭州仿制扇反而得不到青睐。日人倒是钻了这个空子，路过杭州的时候便大量收购本地产的折扇，再高价转卖给国人，买到的顾客还以为是真倭扇。“缺月生辉银满面”一句，是对倭扇扇绘的短暂一瞥，一轮弯月在上，周围泛着银色的光辉，也再次印证了“以银泥为云气月色”是日本扇绘的常见图景。

到了明代中后期，大约在成化以后，类似的仿制扇现象仍然存在，其制作中心从杭州转移到宁波，这种仿制扇也被称为“假倭扇”：

> 古有戗金而无泥金，有贴金而无描金、洒金，有铁铳而无木铳，有硬屏风而无软屏风，有剔红而无缥霞、彩漆，皆起自本朝，因东夷或贡或传而有也。描金、洒金，浙之宁波多。倭国通使，因与情熟，言馅而得之。洒金尚不能如彼之圆，故假倭扇亦宁波人造也。泥金、彩漆、缥霞，宣德间遣人至彼传其法。（郎瑛《七修类稿・倭国物》）

所谓泥金，是指把金箔细研成泥状，混合胶水制作成金料的一种工艺，而描金是把金泥和水混合之后用笔描画在物件上，洒金则是指用加工过的金银粉末撒在有黏合剂的纸面上。泥金、描金、洒金等新工艺陆陆续续地从日本传到中国，在宣德年间朝廷还曾主动派遣漆工到日本去传习新的工艺手法。有意思的是，中国的仿制扇在日本折扇的基础上做了改良，扇骨的两面都用纸面或者绢面，这种新型折扇又逆输入到日本，被称为“唐扇”。更加奢华的做法，是在折扇的双层扇面上撒上金箔：“撒扇，其制用木柄，长尺余，合竹作小骨二十余根，用蓝绢糊裱，两面皆撒大块金箔。放则遮日，收则入囊。”（刘若愚《酌中志》卷十九）可见，明代折扇的制作工艺越来越奢华。

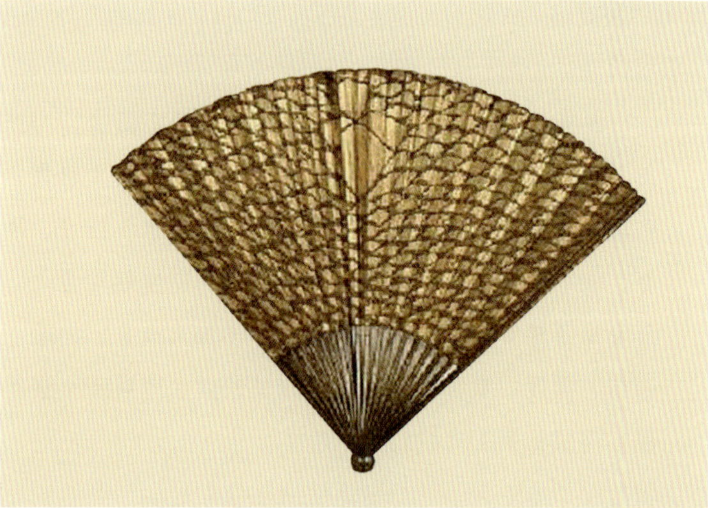

明代泥金扇（湖南省博物馆藏）

此扇纸质泥金，扇面为几何纹，竹扇骨，附有绢带

本土扇业精益求精，扇骨材料越来越名贵，扇面也越来越考究，手工艺人的制扇工艺也出神入化。明代文人顾清在其《东江家藏集》中提到："南京折扇名天下。成化间，尤重李昭骨、王孟仁画。兼之者夸以为奇，而今不可得矣。"周晖转引其说，亦谓："东江顾公清云：南京折扇名天下。成化年间，李昭竹骨，王孟仁画面，称为'二绝'。"（《续金陵琐事》上卷"折扇"条）这里提到的李昭，是生活在明朝成化弘治年间的一位金陵本地制扇匠人，也正是下文提到的"金陵荷叶李"，相传他擅长制作尖根扇骨，质地坚硬，打磨光滑，品质上乘。

生活在明代后期的收藏家汪砢玉曾追忆其父汪继美痴迷手工扇的往事：

> （先子）尤嗜名手制箑，如吴中刘永晖用刀削骨而不打磨；李昭惯作爪子十三骨；马勋善圆头，棕竹尤精；蒋苏台兼善直根，其巧在销；沈少楼善仿马勋；柳玉台技兼蒋李；闵二舍稍次沈、柳，近金陵荷叶李，开合如川扇之便。又善造面者，前有何格之白面为佳，后有陈朴之更能裱旧。其一时名公若文氏父子，须此二家便面方肯落笔，谓其不渗墨、不缩笔意耳。至骨子自筠片，外为犀、象、玳瑁、香檀、高阳种种，其面上书画，则文、沈而下，陈、董以上，大作家约千余握。（《珊瑚网》卷四十七）

文徵明和他的长子文彭是当时人们争相乞请作扇画的圣手，文氏父子对题画扇子的要求自然也是水涨船高，只有知名手工艺人生产的扇子才能入其法眼。而仅仅是出自文徵明、沈周、陈继儒、董其昌等当时名家手笔的折扇，仅汪父个人即藏有千把之多，可以想见当时书画折扇流布之多以及受欢迎程度之甚。

陈贞慧《秋园杂佩》也提到了活跃在明朝中叶的这些制扇名家："宣、宏间，扇名于时者，尖根为李昭，马勋为单根圆头。又方家制方，相传云：文衡山非方扇不书。川扇、戈扇以地著，后又有蒋三苏台、荷叶李、玉台柳、邵明若、李文甫燿、濮仲谦，雕边之最精者也。远者百余年，近亦四五十年物，即一扇之制，而精坚脆薄其为升降也具矣。"李昭擅长制作尖根扇，所以被人称为"李尖头"。柳玉台当为刘玉台之讹，恐是音近致误。如此高超的制扇工艺产出的作品，价格自然也不菲："今吴中折扇，凡紫檀、象牙、乌木者，俱目为俗制。惟以棕竹、毛竹为之者，称怀袖雅物。其面重金，亦不足贵，惟骨为时所尚。往时名手，有马勋、马福、刘永晖之属，其值数铢。近年则有沈少楼、柳玉台，价遂至一金。而蒋苏台同时尤称绝技，一柄至直三四金。冶儿争购如大骨董，然亦扇妖也。"（《万历野获编》卷二十六）。由于这些出自名家之手的折扇具备极高的收藏价值，清人亦如数家珍："明时制扇名手，有马勋、马福、刘永晖、沈少楼、柳玉台、蒋苏台，一柄值数金。”（阮葵生《茶余客话》）收藏明代折扇的风气尤以清朝中叶为盛。

明末文人张岱在他笔记体回忆录《陶庵梦忆》之中，也将“马勋、荷叶李之治扇”列为故国的“吴中绝技”之一，这些扇子“俱可上下百年，保无敌手”。且在睹物思旧的张岱看来，扇子所蕴藏的匠心独运已经超越了一般的工艺，几近于道：“但其良工用心，亦技艺之能事，至其厚薄深浅，浓淡疏密，适与后世赏鉴家之心力、目力针芥相投，是岂工匠之所能办乎？盖技也而进乎道矣。”质量上乘的精美折扇也需要与之相匹配的鉴识者和欣赏者，寄托了张岱风流散尽、物是人非的感时伤世之情。

清代的折扇热比起明代，可谓有过之而无不及。阮葵生《茶余客话》云：“明人皆尚金扇，即上方赐予，亦皆金面。康熙间尚金陵杨仰氏扇、伊氏素纸扇，继又尚青阳扇、武陵夹纱扇、曹扇、靴扇、溧阳歌扇。近日又尚丰润扇。”一时代有一时代之风尚，每隔数十年，新式折扇就会成为文人竞相追捧的对象。

“吾乡造作，折纸扇骨素有盛名，多聚居通济门外。其面用杭连纸者谓之本面；用京元纸者谓之苏面，较本面良。三山街绸缎廊一带不下数十家，张氏庆云馆为最。揩磨光熟，纸料洁厚，远方来购，其价较高，惟时样短小。求旧时之老棕竹、樱桃红、湘妃竹，骨长而脚方者不可得矣。”（甘熙《白下琐言》卷二）清代南京的扇骨作坊就集中在扇骨营一带。扇骨和扇面制作的专业化反映了南京制扇业的繁荣，直到现在南京也还保留着扇骨营的地名。在清代，各地商业会馆和行业工会纷纷成立，制扇业也不例外。比如，同治年间成立的南京某扇业公所规定，入行者皆须缴纳入行银七两，出行改业者也须缴纳一定的退所费。此行会仅就从事扇骨扇面两行而言，其余如葵扇、团扇、芭蕉扇等均不算在内。

据范祖述《杭俗遗风》所记，杭州芳风馆扇庄在当时一枝独秀："扇店推芳风馆为首，其余则张子元、顾升泰、朱敏时等。"而生活在雍正乾隆年间的刘廷玑曾有幸向芳风馆主人请教：

> 而相传最久远者，无如杭州之芳风馆。其家世以售扇为业，遂致素封，城内构一别墅，花木竹石颇极清幽……询及主人制扇之法，乃出一扇，曰百骨扇，传已几世矣。数之，果有百骨。初不以骨多而厚大，其色古润苍细，洵旧物也。据云："今亦不能仿造，即强造亦不佳矣。"此予生平一见者。若古之纨扇、羽扇、蒲葵扇亦间有用之者，不甚多也。（《在园杂志》）

刘廷玑不仅和芳风馆主人有过交谈之缘，还曾到访其别墅园林。而俞樾《茶香室丛钞》"芳风馆"条则云："今芳风馆扇店尚在，而别墅已不可问。"俞氏此书刻印于光绪二十五年（1899年），说明芳风馆的经营从清初一直延续到了清末，虽馆舍更迭、园林不复而经营不辍。

到了清代光绪年间，杭州扇庄林立，如徐大兴、章聚昌、傅静记、大兴金、林芳儿等，其中最知名的有三家，分别是舒莲记、张子元和王星记，知名扇庄也经常约请名人雅士为其题签作画，以此进一步提升其品牌的影响力。根据

1925年《图画时报》上的照片

图片上方文字为“夏至矣”，正文文字为“杭扇庄前之一瞥（宝记摄）”

民国初年编纂的《中国实业志》（浙江卷）记载："杭城营纸扇者，总计约有五十余家，工人之数达四五千人。"近人胡朴安《中国风俗》谓："杭州商业之著名者，曰五杭四昌。"其中，"杭扇"即为五杭之一。而杭州"扇店今推舒莲记为首，张子元次之"。

一开始，舒莲记扇庄的规模最大。创始人舒青莲在清光绪三十年（1904年）花费重金捐了道台，和官场人士往来更为密切，舒莲记的花扇销路也更加广泛。另外，舒莲记的扇子还曾分别在近代越南博览会、巴黎博览会、圣路易斯博览会、米兰博览会、芝加哥博览会上展出，并斩获过1904年圣路易斯世博会奖。陈从周《梓室余墨》对舒莲记扇庄评价极高，称"其制扇选料极精，加工也好"，"虽然扇骨与扇面皆产于苏州，特名盛于杭州"。陈氏本人亦为品鉴扇子的行家："扇骨之佳者，竹骨在磨工，漆骨在髹漆，至若湘妃、檀香、棕骨、象牙骨等，则在选料与做工。扇面则在选棉料（纸）与用矾胶之恰当。而泥金、冷金、云母诸品，则又同在用料耳。"阮毅成《三句不离本"杭"》则提到，当时他在吴淞中国公学的同学舒昌绪正巧是舒莲记的少当家，因此他曾在暑假有幸赴舒莲记扇庄参访：

舒莲记所制之扇，并不限于折扇。而在折扇中，有专为和尚使用之大型红油纸扇，可纳于宽大的僧袖之中；有专为置于西服口袋中之小型黑油纸扇。此两者

> 皆不加书画，遂称为素扇。亦有专为女性使用之檀香扇，则香随风生，人与香至……如欲求杭沪名书画家书绘扇面，舒莲记亦可代求。其墙上贴有润格，不另收代求费用。

可见，舒莲记出售的扇子品类丰富，既提供实用性较强的素扇，也注重扇子的文化美学价值，有代为征求名家书画的服务。可惜的是，在1927年，舒莲记遭遇了一场严重火灾，经营受到一定影响。

当时在声名上仅次于舒莲记的张子元扇庄始创于清初杭州，后来扇庄逐渐凋敝，其后代张光德在清末光绪年间重开张子元扇庄，惜其声势已远不及从前。

而另一家王星记扇庄创始于清代光绪元年（1875年），创办时间要晚于舒莲记，创始人为王星斋，其祖上皆为制扇高手，故其自幼熟习制扇技艺。刚开始，比起正值鼎盛时期的老字号舒莲记，王星记扇庄的经营状况相对逊色不少，在舒莲记垄断官场用扇之际，王星记则选择放弃高级花扇的生产，而专营面向普通民众市场的黑纸扇，价格相对低廉。1929年，借助杭州西湖博览会召开的契机，王星记扇庄一战成名，打开销路，并在当时舒莲记的对面开设了有四间店面的铺子，经营状况也蒸蒸日上。

另外，19世纪末到20世纪初，正是大量外销扇通过“海上丝绸之路”风靡欧洲大陆的时期。除了制扇业向来比较发达的江苏、浙江等省外，广东省的扇业也欣欣向荣。根据民国时期全国各省农商业的统计，广东省生产的扇子产量在1915年和1917年均居于全国之首，占到当年全国扇子总产量的80%以上。

另外，根据杨文澜发表于1921年的《南京折扇业之概况》的相关调研统计数据，南京每年的扇子产量在500万柄左右，而《中华商业政治地理大全》则记载，1911年南京一地扇子的总输出量为738，293柄，1913年的总输出量为

1929年杭州西湖博览会博物馆

1929年第一届西湖博览会，是中国近代史上规模较大、影响深远的博览会，体现了中国社会逐步迈向进步与开放的趋势。为了纪念这次盛会，2000年杭州复办第二届西湖国际博览会并延续至今。2003年杭州市政府特在1929年西湖博览会工业馆旧址建立西湖博览会博物馆

《大公报》所刊载王星记扇庄的广告

王星记扇庄技艺精湛、经营有道，在民国时期制扇业发达的杭州占有了一席之地。1929年王星记扇庄挑选精致扇品参加了首届西湖博览会，斩获白纸扇雕刻一等奖，并得到了国外大商行较大量的订货单，外销业务自此打开。图为王星记在1949年6月25日《大公报》上所做广告

149，615柄，1915年的总输出量为120，895柄，由于此类统计的确切开展较为困难，两者在数量上存在一些出入，但规模大致如此。此外，南京扇业工人的工资在每天一百文到两百文钱之间。当地制作扇骨的从业者中，负责打磨的有一百多家，负责雕花的有八十家，负责炭花的有八十多家，负责漆退的也有一百多家。而专营扇业的店铺有数十家，以苏州章洪源扇庄为首。每年二三月间，是客户采办最集中的时候，因为四月到七月就是扇子行销的最佳节候。业内人士批发扇子的粗胚，外行人士主要购买扇子的熟货。当时，南京本地的扇子外销国外的并不多见，主要是销往四川、天津和汉口等地。

在20世纪初，日本率先开始了近代工业化，其通过半机械化方式生产的扇子曾发生倾销，抢占了中国国内的市场份

额，本土扇业也一度陷入一蹶不振的境况。受到舶来品扇子的冲击，国内扇业从业者开始制作改良折扇，这种改良折扇双面都印制了精美的翻印图画。比如，章洪源扇庄曾在1917年6月的《民国日报》上投放广告，推出改良扇，并称：“油纸扇以杭之舒莲记为最佳，白纸扇则以苏之章洪源为首……讵自东洋扇发行以来，无爱国心者以为时髦，争先购用，致该业大受影响，各埠批发大不如前。”20世纪30年代

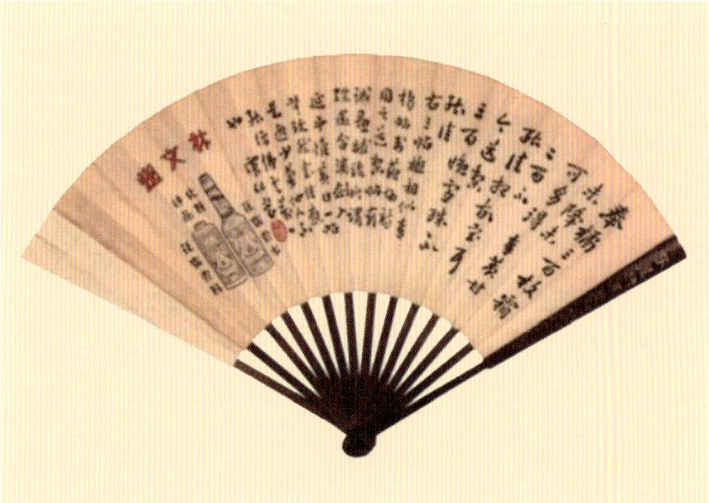

民国花露水广告扇（中国扇博物馆藏）

广告扇因其极强的广告性和实用性而流行起来。此为林文烟花露香水和花露香粉的广告。全世界第一瓶花露水由这家位于纽约的Lanman & Kemp公司生产，它于清末民初进入中国市场后起名为林文烟

至40年代，全国各地展开了轰轰烈烈的国货运动，扇业从业者也跻身其间。此外，民国时期的折扇还附加了不少宣谕的功能，人们在折扇上印上勿忘国耻、劝诫吸烟等含有教化内容的文字图画，甚至还有人建议把要发的传单改为折扇。

明清以来，折扇始终是文人雅士阶层所使用的主流扇型，人们也对折扇的扇材、扇面、扇骨等配件细节和制作工艺提出了更高的要求，刺激了本土制扇手工业和商业的发展。清末民初，杭州扇庄如芳风馆、舒莲记、张子元、王星记等先后继起，成为国货扇品的卓越代表，广州外销扇的风行也带动了地方扇业的繁荣。在国货运动和参与博览会等的影响下，本土的民族扇业也有了更强的自我意识，推动了国产扇品的创新传承和扇文化品牌的发扬光大。

近代女性消费主义的先驱：从《少奶奶的扇子》说起

20世纪初，欧美羽扇开始传入中国，这种羽扇与魏晋南北朝的本土鹅毛羽扇大相径庭。因为它多为女士在舞会上使用，隐藏在舞会交际扇语背后的现代性别意识和消费主义亦随之传入。在近代中国社会，扇子成为社会性别结构的一大参与者，被塑造为女士必备的时尚单品，消费主义在其中发挥了极为重要的作用，与欧美扇语流行背后的商品逻辑相一致。被客体化的扇子折射了男性主体的观看欲望，制造出近代小资产阶级女性的生活幻象。从20世纪20年代一部本土改编的社会戏剧《少奶奶的扇子》当中，或许可以一窥其端倪。

英国作家王尔德曾经创作过一部题为《温德米尔夫人的扇子》的作品。1918年12月，名媛沈性仁把它完整地翻译成

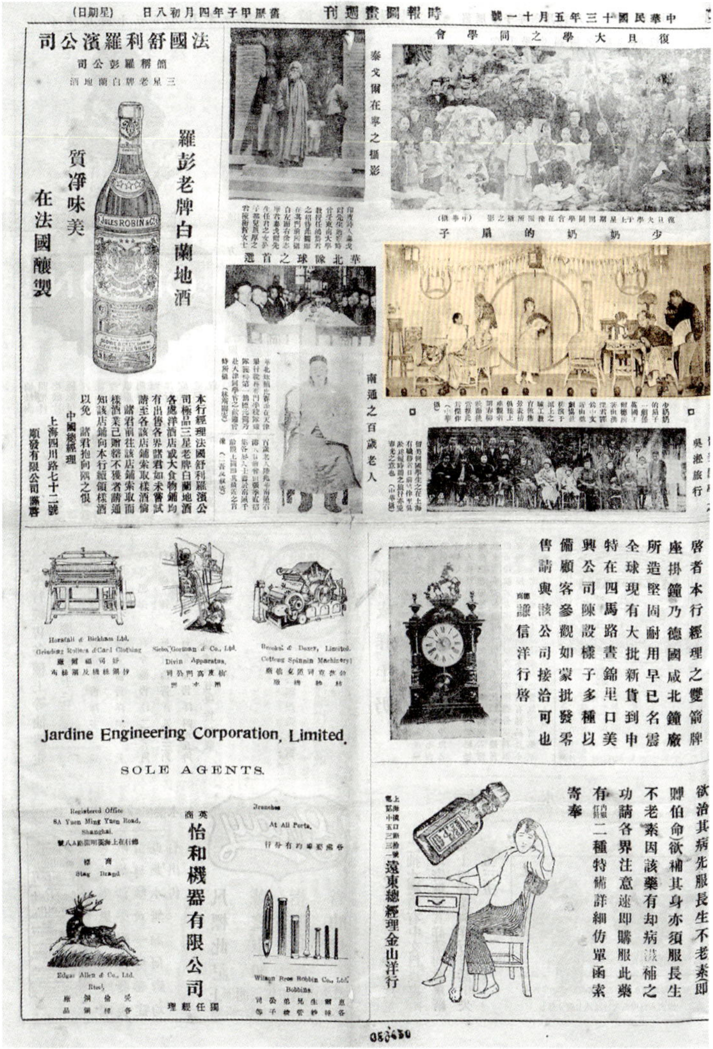
中華民國十三年五月十一號　時報圖畫週刊　舊曆甲子年四月初八日（星期日）

復旦大學之同學會

泰戈爾在寧之攝影

華北隊球之首選

南通之百歲老人

少奶奶的扇子

法國舒利羅濱公司

羅彭老牌白蘭地酒

質淨味美　在法國釀製

Jardine Engineering Corporation, Limited.

SOLE AGENTS.

英商　怡和機器有限公司

啓者本行經理之雙箭牌座掛鐘乃德國威北鐘廠所造堅固耐用早已名震全球現有大批新貨到申特在四馬路畫錦里口美興公司陳設樣子多種以備顧客參觀如蒙批發零售請與該公司接洽可也

寄奉

遠東總經理金山洋行

上海戏剧协社《少奶奶的扇子》剧照

上海戏剧协社于1921年12月成立。以《少奶奶的扇子》的演出为标志的演剧实践，标志着中国现代戏剧形态的真正形成

了中文，定名为《遗扇记》，刊登在群益书社出版的《新青年》上。之后，这个剧本又出过好几个汉译本，一开始影响并不很大，后来由当时刚过而立之年的近代剧作家洪深改译，并把里面的外国人名也都做了本土化的处理，组织排练演出，就引发了国人的广泛兴趣。1924年8月，该剧由上海戏剧协社在上海举行首演，取得了巨大的成功，被视为当时掀起的“爱美剧”（爱美为英文Amateur的音译，爱美剧指非营业性质的业余演剧）潮流的一大胜利。

洪深版《少奶奶的扇子》和王尔德的原著一样，也分为四幕，故事大意为：资本家少爷徐子明准备为自己的爱妻瑜贞举办20岁生日宴舞会，并且特意邀请了一位交际花金女士参加。瑜贞则怀疑丈夫和金女士有染，心生隔阂，愤而投奔有心勾搭她的闲散人员刘伯英。金女士看到瑜贞留下的信件之后，连忙赶到了瑜贞准备跟刘伯英私奔的旅舍，想要阻止瑜贞。这时，听到流言蜚语的徐子明也带人赶到了旅舍。还没来得及离开的瑜贞和金女士只好躲藏起来，不想瑜贞却把徐子明赠送给她的生日礼物——一把翡翠柄的扇子遗落在了桌上。看到爱妻扇子的徐子明遂大失所望。此时金女士挺身而出，主动承认说是自己错拿了瑜贞的扇子，暗示是自己和刘伯英有染。瑜贞趁乱逃脱返回家中，和丈夫徐子明重归于好，而金女士为保护瑜贞，甘愿名誉受损，黯然离开。原来，金女士就是瑜贞的亲生母亲，二十年前她抛下了自己的丈夫和女儿跟人私奔。徐子明知道了金女士的真实身份后，原打算在生日宴上把她介绍给瑜贞，促成母女相认，后来又因为旅馆事件认定她不改旧习，对她极度厌恶。王尔德的原作背景是英国的上流社会，剧本就在这里戛然而止，而洪深给这部剧添上了一个光明的结局，成了一部社会喜剧：有个叫吴八大人的金女士的追求者，向徐子明解释说自己将要和金女士成婚，那天在旅舍，金女士原是为了等待自己说明答复。最后各方尽释前嫌，皆大欢喜。

《少奶奶的扇子》这台话剧首次确立了完整的导演制和排练制度，洪深不仅担任导演而且兼饰剧中的刘伯英一角。剧作采用一把羽毛扇作为串联全剧人物和情节的重要线索，展现了新时代女性挣扎在爱欲纠葛和家庭内外之间的困境，它在20世纪20年代的大都市上海所取得的成功绝不是偶然事件。扇子作为这出剧目的重要道具，在第一幕一开场瑜贞和刘伯英的对话中就出现，到第三幕旅舍场景中一跃成为牵动人心的关键，第四幕的还扇戏，又掺杂着母女二人在第三人在场情况下难以言明的依依惜别之情。在这部洪深改编的剧目当中，扇子可以说是现代女性情欲化的外显。

洪深对自己的改编本适合演出极其自信，对把扇子作为核心线索更颇有自得之意：

> 编剧尚有一秘，即台上应用之物件，其与情节之转折有关系者，用一次不如用两三次，而喜剧中尤不妨多用。本剧中之扇子，其正用，仅在第三幕末，为逼金女

士不得不出头耳。然而一路用来，却成线索，说明此扇乃子明赠夫人之寿礼，引起刘伯英崇慕之言，一用也。徐夫人愤语，欲持之击人，二用也。落扇拾扇，见金女士气度之大方，应付之圆活，三用也。在刘伯英处，为

《少奶奶的扇子》剧照

1928年唐瑛在洪深导演的话剧《少奶奶的扇子》里担任主演。此为当时登出的海报

诸男人寻得，几酿大祸，四用也。藉还扇金女士再至徐宅，五用也。索扇为酬，两心默契，六用也。最后金女士托代拿扇，一语笼络住吴八大人，七用也。（《东方杂志》1924年第21卷第2期）

根据现存的诸多史料和剧照，不难发现剧中的核心道具扇子是来自欧洲的羽扇，而非传统羽扇。明末清初西方传教士来到中国，全球贸易市场的发展也把中国的折扇制品带到了欧洲。中国折扇因其别具东方风味在17世纪初至18世纪意大利、法国等的宫廷和上流社会中风靡一时，备受青睐。但在19世纪末，由鸵鸟毛制成的羽扇在欧洲大陆风行一时，女士参加舞会都会随身携带羽扇。王尔德作品的原文虽仅作“扇子”（fan），文中人物所用即当为此种欧式羽扇。作为改良新戏，《少奶奶的扇子》在首演之后轰动一时，好评如潮，全国各地的学校和剧社纷纷排演，如南开女中、上海南洋女子中学、复旦剧社、中国旅行剧团等都曾在各地剧场演出过此剧。根据当时的新闻报道，剧中使用的重要道具羽扇也引发了新一轮的流行热潮，导致各地扇行的新式羽毛扇都被顾客抢购一空。在观看演出的时候，名媛淑女占据了包厢的大部分座席，她们手中也经常挥舞着一把雪白的羽扇，和舞台上的道具交相辉映，制造出一道别样的风景线。1925年，《少奶奶的扇子》还被导演刘别谦搬到了大银幕，首次拍成了电影。三年后洪深自己也把这部剧拍成了电影。

当时小报曾载逸闻一则：知名女星白杨曾在某场演出中饰演剧中女主角瑜贞，有两位女性粉丝看了第一场演出后因感觉剧中“所用扇子不美”，还特地赶赴女主演白杨下榻处奉上两柄精美的羽扇，可算作本土最早的粉丝应援扇了。剧中这柄失而复得的羽扇既是“少奶奶”们命运的物化象征，也昭示了现代女性出走与据守的两难抉择，由此对剧外的女性观众产生了极大的精神触动。

著名报人周瘦鹃看完首演后，就多次在自己主办的杂志上撰文推荐给读者，并在回忆这出剧目的文章当中说：

> 生平爱美，在禽类中最爱孔雀，最爱孔雀的毛，我紫罗兰庵的壁上和瓶子里，都将孔雀毛做点缀品，而我尤其爱一柄孔雀毛的扇子，摇摇飏飏的摇到我心坎上，直摇得我心儿醉了。二三年来，这一柄哀感顽艳的扇子，憧憧心头，兀自不能忘怀。这是一柄甚么扇子啊？喏，便是那爱美剧《少奶奶的扇子》。（《上海画报》1927年8月）

虽然这部剧好评如潮，但也有一些批评的声音。由于洪深版的剧本侧重表现社会教化的内容，金女士为了避免让女儿重蹈自己旧日覆辙，选择牺牲自己的名誉，并以身说教，这种道德价值观在五四新文化运动时期未免显得偏于保守。不过，《少奶奶的扇子》也确实正面回答了“娜拉走后怎样”的问题，并为所谓的“堕落”女性展开了辩护：冷心绝情的“堕落”女子其天然的母性未曾泯灭，能够做出无私的利他之举。而另一方面，养尊处优、衣食无忧但情感苦闷的女子也存在一念“堕落”的可能，“善恶”的界线本来就不那么泾渭分明。从这个意义上来讲，这部戏剧不愧是“爱美剧”标杆式的存在，把话剧从消闲的对象提升到了揭示社会矛盾的高度。

另外，伴随近代城市化进程中市民阶层读者群的崛起，当时新兴的期刊报纸等媒介在塑造流行文化方面占据了天然的优势。这些报刊争相谈论摩登女性的流行服饰，引介新家庭理念，引领现代消费观念，促进都市家庭建设。虽然剧中人所用为欧洲羽扇，但作为“少奶奶的扇子”，其所附加的

《良友》杂志“扇子表情”组照

右手执打开的扇子置于腮边，表示害羞；双手紧握住合拢的扇子靠在左脸边，表示安慰之意；轻摇展开的扇子，则意为柔情似水

欧西女性意识和文化情境也很快习染了中式纸扇。

最突出的表现就是，“少奶奶的扇子”一时间成为流行的时尚风物。比如，《大众画报》就曾以“妇人的恩物”为主题，摄制了“少奶奶爱用的扇子与小姐惯抱的热水袋”，把两种日常物件分别和不同的女性身份进行勾连。之所以把少奶奶和扇子联系在一起，固然有同名话剧的推动作用，但王尔德所描述的上流社会男女情事和近代国内资产阶级的情感生活也颇有相通之处。国内的不少期刊都介绍说，在18—19世纪的西班牙，受传统宗教原因制约无法在公开场合谈情说爱的女子，往往用羽扇作为表情达意的工具，由此形成了一整套相当完善的约定俗成的扇语体系。这一套扇语虽然稍微显得有些水土不服，并没有伴随进口羽扇完整地被移植到本土语境，但羽扇所暗含的对两性关系的挑逗和女性风情仍然得到了不折不扣的有效接收。

比如，著名的《良友》杂志曾刊出题为“扇子表情”摄影组照（1935年第108期），该组照片共七幅呈扇状，上有女子执一折扇摆出不同的动作，旁附文字说明这些扇语所对应和表示的情思。其中，只手合扇抵腮表示着沉思或追忆，展扇掩唇是含情顾盼，双手分别攥住折扇合拢后的两端，则隐含愤怒之意。

而早在两个世纪以前，伦敦的一家扇行即出版了题为《扇语》的英文专著，因此这传情扇语正源于对西籍人士的模仿和想象：“西籍人士对于传情一事，多深刻的研究，类

《良友》杂志扇子广告内页

杂志不仅刊登了扇子生产制作过程的照片，还为扇子拍摄了两种截然不同的使用场景，将佳人手中制作精美的折扇与青年劳动者手中的葵扇相比较，说明了该则广告意图表达的“人以扇分”的观念

如扇语、邮话、手帕传情等种种方法，率皆经验人语，分别译出，俾吾国有情男女，举一反三……右手执扇遮面：‘随我来’。左手执扇面：‘愿以身许’。以扇贴着耳：‘君之心大变矣’。”（《都会》1940年第21期）事实上，源自欧美的扇语体系并不是真实的历史事实，而是为了配合扇子出售所进行的营销策略，试图通过在消费者心中建构起女性用扇形象来促进相关产品的销售。

国内的都市消闲娱乐杂志在推介扇子这一近代尚品的过程中，对此往往心照不宣，尤其着力凸显它对于女性姿容的装饰作用：“扇子是夏季的风物，不仅是为了扇风取凉，而且为了装饰的点缀。”《夏天的良友——扇子》（《良友》杂志1940年第156期）打出了好几组场景化的广告词，力图将折扇与小姐太太们的名媛形象相联结：“‘扇子好清风，时时在手中’，然而扇子在小姐们的手里却兼有扇风及装饰的两重作用。”配上的插图则是多位打扮入时、款款执扇的女性模特，还附有扇骨与扇面设计制作工艺的流程摄影。另外，该广告还印有身着白色背心的青年男性劳动者小照一张，其手执大幅葵扇一面，上书有“建设抗战”四个大字。这强烈而鲜明的视觉对比，无不标示着，扇子的类型成为区隔不同人群文化资本和身份的重要象征：“从扇的式款上可以分出人们的级别，少奶奶用少奶奶的扇子，工人却用他们惯用的葵扇。”借由女性与男性、有闲阶层与劳动阶层的隐含对立，折扇也实现了它在文化审美趣味重塑方面的目的。

扇子被表征为资产阶级女性的一种生活方式，并通过细节化的、反复的征引，来诱惑更多符合这一阶层条件的对象加入到其行列之中。消闲杂志《礼拜六》曾刊载吴树声的一篇将扇子拟人化的小文：“我是某大公司扇子部里的一把绣花椵扇……有时瞧见督军触动了姨太太的气，姨太太就把我向督军的额上拍的一下。”（1922年第172期）他以第一人称叙事，记载了这把扇子如何被购买，如何陪伴女主人，最后被从督军五姨太太的公馆里抛到路上。这一类把扇子拟人化的作品，其实是描写了男性视角所构想的有闲阶层的女性生活。扇子成为被凝视的欲望客体，甚至带有男权的属性，更多地体现为性别身份和性别意识的象征。另一本《紫罗兰》也刊登过一篇《扇的怨语》：

> 那金钱的诱惑者是一个叶公馆里的三姨太太，当时伊带了我回去，镇日价形影不离。伊有时候坐了汽车去逛游戏场，有时候去兜风，终将我一同带在身畔……不道蓦地里来了一个劲敌，原来三姨太太新买了一架电风扇。（1926年第1卷第20期）

由于姨太太、少奶奶们的折扇逐渐被电风扇所取代，此文也依稀反映出班婕妤团扇诗的女怨传统。

值得一提的是，男士西服在近代也逐渐流行起来，但西服里衬繁复，又须绾结领带，与轻摇折扇、披襟当风的传统文人意态风流颇有格格不入之处："惟摺扇只适应于中式服装，若衣西服，便非所宜，以其不中不西、非驴非马也。"（《摺扇与西服》，《海报》1943年7月23日）所以，穿上西服以后，再挥洒折扇总显得有些违和。近代知名文人范烟桥曾撰文指出："西方折扇多以羽毛之，且用于舞时，而男子罕有用之者。因之国人易西服，多不用摺扇，仅始稍改，然女子犹尚檀香小扇，亦觉别有韵致。若易以团圆纨扇，与替月圆姿相映，似未尝不增其绰约也。"（《鸥夷室杂碎》）相较于西服和折扇的违和感，女式旗袍倒是和檀香折扇相得益彰，或许这也是使得折扇成为近代中国女子时尚单品的次要因素。

上海中法大药房月份牌广告中手执折扇的女士

东邻风物：和扇的流变

根据现代考古发现，在公元6世纪位于日本福冈的墓地壁画中，已经出现了扇子的画像，而日本出土的团扇实物，可以溯源至弥生古坟时代的木制品。日本早期的扇子大致可以分为两种，一是团扇，二是便面，主要由羽毛或丝绸制成，扇面呈圆形或椭圆形。最初的日本团扇（うちわ）大多是模仿中国汉代的团扇形制。此外，和中国一样，在地位较高的贵族出行或巡游之际，随从人员也会使用大型的便面礼仪扇（这种便面以中国的"翳"为原型，"翳"的日文写作さしば），这种礼仪扇是在拉长团扇手柄的基础上制成的，从日本古代壁画可知，它主要是和开展古坟祭祀的活动有关，起到加持威仪的作用。

从飞鸟时代开始，团扇逐渐成为日本贵族、官员、僧侣所使用的用来标示地位的物件。同时，用绢、蒲葵、芭蕉、鸟羽等素材制成的扇子也相继出现。而普通百姓使用的扇子是轻巧便利的四边形方扇。差不多到了室町时代的末期，现代日本团扇的基本结构得以固定下来，即以竹、蒲葵或芭蕉作为扇骨，上面再敷以纸张。

日本的折扇大致可以分成三种类型，即羽毛扇、折叠扇和百褶扇（百褶扇的日文写作“木簡”，もっかん）。实际上，百褶扇的前身是用来书写文字的细条型木片，这些木片的长度大约为30厘米。在平安时代，由于纸张非常贵重难得，为了有足够的材质可以记录各种各样的事物，人们只好在木片的末端打孔，把许多木片用纸结串联在一起写字，这就成为后来折扇的滥觞。在这基础上，先是催生了桧扇（ひおうぎ），此后又有了蝙蝠扇的发明。

用来纪事的木简逐渐演化为日本男性贵族在公开场合手中所持的朝笏（即长条形薄木片）。随着朝笏这种物件实际功能的削弱和装饰性的增强，木片末端的纸结被替换成了木钉，并附上了点缀的金饰，而绑在木片上的绳子也变得更加美观。大约在奈良时代末期到平安时代初期，桧扇就问世了。早期的桧扇长度约为30厘米，桧木片的厚度在2—3厘米左右，其制作方法是在木片的一端打孔，并用细绳加以捆扎。桧扇的残片曾经在日本平城宫遗址（迁都奈良后所建宫室）中被发现。而日本现存最早的完整实物桧扇，是京都东寺千手观音手中的扇子。根据相关记载，此扇当为元庆元年（877年）所制。

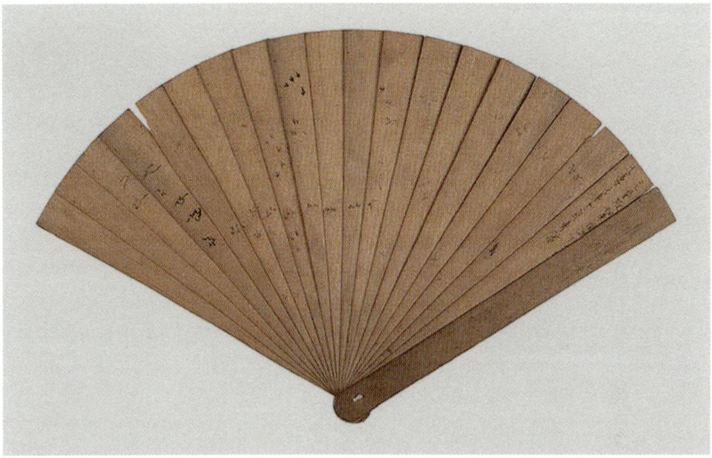

日本京都东寺所藏平安时代桧扇

桧扇由条形桧木板缀合而成。这把桧扇现藏于京都东寺。原来收在寺内木造千手观音立像内

由于木简的样式变得越来越精致，在宫廷中流行起来，女官们纷纷用风雅的画来装饰片面，使之成为可以随身携带的高雅物件。而且，这些桧扇在诞生之初，并不是用来扇风，而是相当于用来记录的记事本。可以看出，早期桧扇的功能承自木简以及朝笏等传统物件，之后又演变为在冬日所使用的扇状物。在公元9世纪末10世纪初，日本关于扇子的文字记载逐渐增多，不仅出现了扇铭、扇舞，天皇也时有赐扇之举。

在日本的文献资料中，最早提到扇子的当属《万叶集》，其中一首和歌即云：“不论终冬夏，常常四季同。著裘兼握扇，大有仙人风。”诗人意在歌咏皇子的行止仪态就好像仙人一样，即使夏天和冬天从来不会同时到来，皇子也会一直披着裘，手里捉着扇。可见，扇子不仅是夏季风物的代表，夏扇冬裘的装束更是时人追慕唐风的表露。

在平安时代的中期，形成了在不同季节使用相应扇子的风俗，主要有冬扇（使用期为10月—次年3月）和夏扇（使用期为4月—9月）之分。在藤原氏执政期间，天皇、皇后、皇太子以及皇太后等使用的赤桧扇还享有专名，被称为“苏芳染”。所谓“苏芳”，是一种豆类灌木植物，通过对这种植物进行煎煮可以获得红色染料，被用来制作赤色的桧扇。不同等级的亲王所使用的白桧扇，根据使用者的地位尊卑，木片的数量也各不相同。当时有德耆旧所使用的桧扇则被称为“杉横目”，此外还有女性专用的桧扇，被称为袙扇（あこめおうぎ）。袙扇的形状和桧扇相仿，只是木片的数目比桧扇略多，一般在扇子的两端还会系有很长的彩色流苏。袙扇不仅被用作装饰物，而且也可以遮挡别人的视线用来障面，因此为女性所偏爱。扇子几乎是平安时代所有贵族必备的日用品，具有礼仪赠答和社会交往的功能。而除了皇室贵族、僧侣神职人员之外，一般人是被禁止使用桧扇的。当时的桧扇由5—8张薄木片组成，上端由白线装订，下端则用金银螺钉加以固定，由于通常只在冬季使用，可见以其来彰显

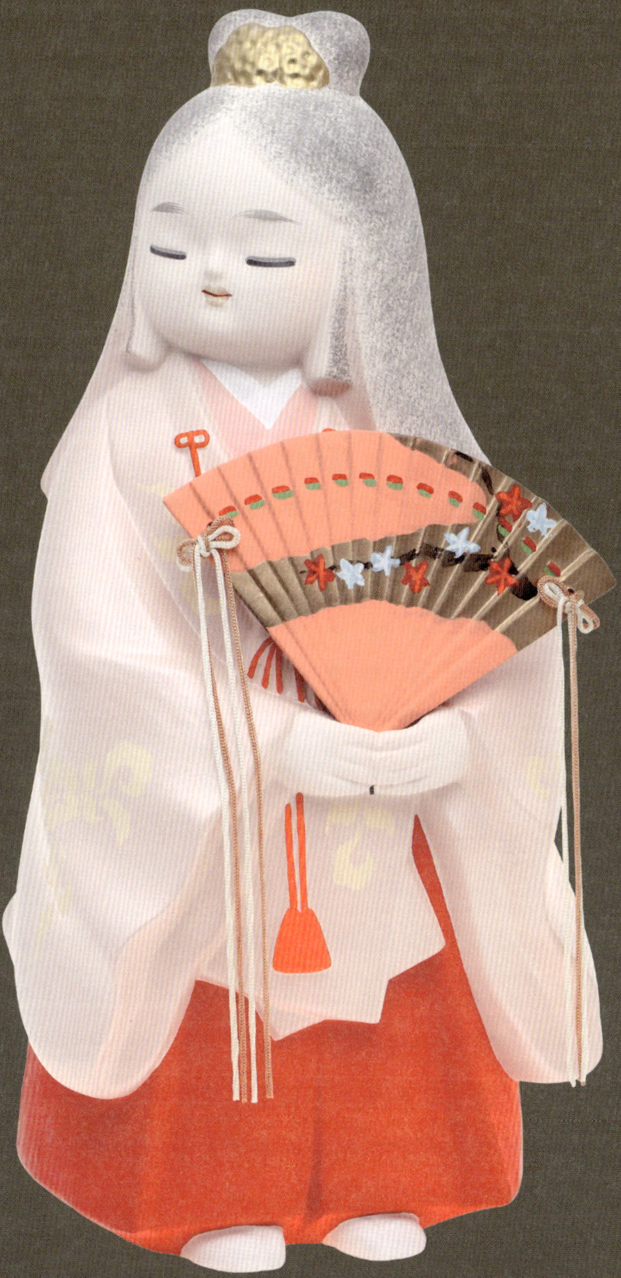

日本手执袙扇玩偶

威仪的作用更甚。

当时产生的不少文学作品，也都描绘了扇子在贵族日常生活和社会交往中的各种作用，最具有代表性的是紫式部所撰写的《源氏物语》。在一开篇，男主人公源氏曾应皇上之邀，和另一位贵族子弟一同跳了一曲《青海波》，之后他传信给自己心仪的藤壶妃子："心多愁恨身难舞，扇袖传情知不知。"藤壶妃子则回信道："唐人扇袖谁能解，绰约仙姿我独怜。"这首《青海波》是来自中国唐朝的舞乐，而舞蹈过程中舞者扇袖蹁跹，正与两人通信中的旖旎情思相映衬。还有一次，源氏小睡过后，不小心弄丢了扇子，一边说着手头在用的扇子扇风不够凉快，一边就放下了一柄桧扇，可见桧扇在驱暑纳凉方面着实不太趁手，装饰性更强。再比如，源氏初见女主角紫儿，想要和她互通音信，就曾拍扇要求侍女为他传诗，而另一部名著《竹取物语》中也有拍扇唤人的举动。在《源氏物语》"夕颜"篇中，源氏曾命令随从摘下一朵夕颜花，随即从宅子中走出来一位女童，手里拿着白桧扇，由于花朵过于娇嫩，提出要他们把摘下的花朵放在扇上，后来源氏闻到扇上花香浓郁，细看扇面还有两句题诗："夕颜凝露容光艳，定是伊人驻马来"，就与夕颜结下了一段露水情缘。宫中还有一位上了年纪的源典侍，也曾向源氏赠扇诗传情，则题诗赠扇在沟通男女情事中亦有用场。当时的女子在接触男性的时候，会习惯性地用扇子来遮住自己的容颜，体现了以扇遮羞的习俗。书中有一位头中将，曾经和

玳瑁骨彩绘花鸟羽毛折扇（广州十三行博物馆藏）

日本平安朝紫式部创作的长篇小说《源氏物语》，被誉为日本古典文学的高峰，对日本文学、艺术等方面的发展产生过巨大的影响。这幅扇面以《源氏物语》故事场景为创作来源，极具艺术魅力

着歌谣，随意地用扇子来打拍子，而在正式场合，人们一般是用朝笏来打节拍的。《源氏物语》中提到的扇子的许多功能在后世也都得以沿用。

平安时代的宫廷还曾经流行过一种叫作“扇合”（おうぎあわせ）的游戏。游戏的参与者被分成左右两组，需要就同一个主题如诗歌、书法等在扇上表达自己的旨趣喜好，然后双方同时把扇子拿出来，即合扇，再由裁判者判定谁的旨趣更胜一筹。这或许是由于扇子在当时是颇为高雅的用具，又有婉约含蓄的风情，才会成为这种风雅游戏的主角。也由于桧扇的装饰性极强，扇面往往被敷衍成各种色彩，以及人物景观的点染，扇绘内容也趋于丰富。日本传统服饰“十二单”，也要求衣服须和扇子、梳子等其他佩饰相配合。当时，人们普遍认为扇子体现了一个人的品位、志趣和教养，于是纷纷在图案、装饰和配色上别出心裁、争奇斗艳。

继桧扇的发明之后，蝙蝠扇（かわほりおうぎ）登上了

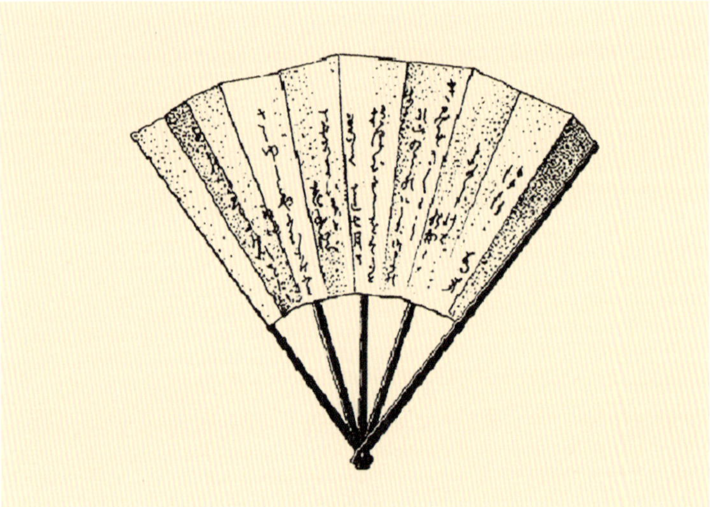

日本早期蝙蝠扇示意图

早期蝙蝠扇，使用5根或6根竹制扇骨，单侧贴上带有书法或绘画的纸，背面扇骨显露在外

历史舞台。最初的蝙蝠扇是用纸制作而成的，但具体诞生于何时无法考证。关于蝙蝠扇名称的来源，有两种说法，一种是较为常见的看法，认为扇形展开后如蝙蝠之状，还有一种看法则认为，该扇是由单侧扇骨粘纸制成，而在日文中，粘纸的发音（紙貼り）和蝙蝠（かわほり）的发音非常相似，故以此得名。在日本传说中，蝙蝠扇最早可以追溯到神功皇后，据说她在出兵讨伐朝鲜半岛的时候受到蝙蝠的启发，发明了蝙蝠扇。最早的日本蝙蝠扇，扇骨只有5根或6根，扇面仅有单侧粘纸，背面是自然裸露出来的扇骨。和桧扇有所区别的是，蝙蝠扇一般仅在夏季使用。目前，日本传世蝙蝠扇最早的实物是严岛神社收藏的一柄12世纪的扇子。

到室町时代，蝙蝠扇的扇骨增加到了12根左右。与此同时，从中国传入的扇子对日本扇的形制也产生了影响，虽然这一时期相当于中国的明朝，但憧憬和崇尚中国文化的日本禅僧，仍然将受到当时中国影响的扇子称为“唐扇”。这种“唐扇”和日本传统折扇即蝙蝠扇的区别在于，扇柄完全插入到扇面当中，无论从正面还是反面都是看不到扇骨的。后来，“唐扇”的这种制作工艺反向输回到了日本，催生了新的折扇款型。从14世纪后半叶开始，伴随香道、演剧、舞蹈等艺术的发展，扇子的使用范围也越来越广泛，在平民阶层中也得到了很大的普及，贩卖扇子的“扇屋”比比皆是，非常兴盛。

另外，在镰仓、室町时代，日本武将在指挥军队作战的时候也会使用扇子，扇面上绘有家纹。当时，用铁制成扇框的铁扇甚至获得了和个人宝剑一样的崇高地位，上面有月亮环和太阳环，即便是在和平时期也被武士用来作为自卫的道具。差不多到日本的安土桃山时代，桧扇的制作技艺完全成熟并固定下来。然而，由于桧扇的装饰性不断增强，除了重大仪式之外，人们已经不太使用这种扇子了。从16世纪末到17世纪，日本武将很多都使用军扇来指挥战斗。这种军扇的手柄一般是铁制或木制，扇面则覆有绒面皮革，整体形制更趋近于团扇。这是由于当时战争的胜负往往关系到家族兴亡盛衰，出兵前需要占卜吉凶、察观天象，而团扇在日本自古就有辟邪唤神的用途，所以被移用到军事上。现在，日本的相扑比赛之中仍然在使用这种军扇。

到了江户时代，木刻技术的发展为大批量生产团扇创造了技术条件，而扇子的使用也进一步渗透到了百姓的日常生活之中。在给出或者接收物品的时候，人们经常用扇子作为暂时盛放物品的容器。进入明治时代以后，或许是受到海外广告折扇的影响，日本开始生产大量广告团扇，制作粗糙但价格低廉，主要订购者是美国的一些铁路公司。日本国内的部分商家和神社也定制了不少广告团扇用来分发给消费者。从19世纪中叶开始，日本和中国一样，也向欧美国家出口了大量扇子制品，彼此互有模仿和竞争。

日本当代的团扇根据产地和制式的不同分为三种，分别是“京都扇”（日文作“京扇子”）、“丸龟扇”和“房州扇”。其中，“京都扇”尤为知名，其扇面、扇骨以及扇子的其他配件都原产于京都及其近郊地区，并由京都匠人制作。在京都团扇之中，又可以分为中国月扇、朝鲜团扇以及南方系叶扇等不同的流派。在日本当代的流行文化中，不少粉丝为支持偶像，会购买和使用印有偶像照片和名字的应援扇，成为日本偶像文化的一道独特风景线。在各类社会活动中，人们也会使用应援扇来表达鼓舞和支持。

从古至今，扇子对日本社会文化生活的方方面面都产生了极为深刻的影响，能乐、茶道、香道、舞蹈、落语、将棋

日本京都市场待售的扇子

等日本本土的多种综合类艺术形式也都有将扇子作为重要道具的流俗。综观扇子在日本的发展史，扇子从最初招风纳凉的工具，到展现威仪的饰具、开展社会交往的用具、艺术表现的道具，再到现在成为用来娱乐的创意用品，承载了既往深厚的历史人文底蕴，也彰显了其独特的可塑性和延展性。从样式到内涵都独具特色的和扇，是全球扇文化不可或缺的重要一环，并持续对当代及未来产生影响。

铃木春信《卖扇子的人》（普林斯顿大学艺术博物馆藏）

欧西扇语：
跨越千年的瑰丽梦想

在全球人类文明史的范围内，像扇子一样兼具实用功能性、礼仪制度性、美学装饰性的物件并不多见，即便追溯到早期人类历史，扇子的多元属性即已勃发。古代中国是较早使用扇子的人类文明中心之一，而从全球范围来看，古埃及、古印度地区的早期人类活动都有使用扇子的记录。现代考古发现表明，至少在公元前4世纪的时候，古埃及人已经开始使用手摇扇了。1922年，在埃及法老图坦卡蒙的墓中，曾出土过多柄扇子，最知名的“金扇”，是一柄鸵鸟羽毛扇，手柄由黄金打造，呈90度直角弯曲状，长度超过1米，但扇面上雕刻着图坦卡蒙狩猎鸵鸟的场景，扇上的羽毛早已不复存在，而这些本有的羽毛很可能就来自扇绘上的鸵鸟，手柄下方的铭文则记载了此次狩猎活动的细节。在古埃及语中，这些扇子被称为shuwt，意为皇家或军事标准。此类扇子多在埃及的墓葬壁画中出现，昭示着法老王的“神圣在场”。

英国考古学家和埃及学家霍华德·卡特在他的著作《图坦卡蒙之墓》中提到扇子的发现具有独特的意义：

古埃及图坦卡蒙金扇

此扇为镀金木扇，主体绘有图坦卡蒙乘坐华丽战车狩猎的场景，散布四周的象形文字清晰精美

如此迷人的文物似乎可以超越时间：自从这柄扇子被珍藏以来，无数文明崛起又消亡。这样一个罕见但在许多方面对我们而言又很熟悉的物件，为我们和那段伟大的过去之间建立起了联系。它有助于我们具象化地构想，这位年轻的法老王一定和我们自身非常相像。

古希腊人复制了古埃及的扇子，从公元前2世纪开始，他们还从东方进口丝绸用来制作扇子。古罗马时期的扇子发展得更加精美，尤以孔雀羽毛的装饰扇为最珍贵。公元6世纪的时候，欧洲的基督教教徒经常使用一种仪式扇，由牛皮纸或硬布制成，用来驱赶圣餐面包和红酒附近的虫子。此外，早期扇子和风箱的使用密不可分。在公元前2000年左右，美索不达米亚文明已经有使用风箱的生活痕迹，稍晚些的时候，古埃及人也开始使用风箱。

扇子在使用时间上的历史跨度固然令人惊叹，而其在全球图景中展现出来的联系与差异更有值得审视和探讨的可能性。世界各地的用扇风俗在某些方面表现出特有的一致性，比如，在原始社会，人们更倾向于使用野兽羽毛、植物叶片等容易获得的材料制作成简洁便利的平扇。又比如，在古代中国，长柄障扇是仪仗扇的重要组成部分，并在形塑和强化皇权方面有重要意义。数百年来，在欧洲大陆的文明中心，长柄扇也同样是法老、祭司、国王和贵族等特权阶层粉饰威

美国19世纪羽毛扇（美国大都会艺术博物馆藏）

仪和彰显权力的物件。中世纪以后，十字军东征将源自中东的手摇扇带到了欧洲，中世纪骑士的头盔和臂章上也往往饰有扇子。一直到16世纪，还能在教皇的游行中看到大型的羽毛仪仗扇。

而折扇则是东亚文化圈独有的发明创造，并在近世通过贸易的方式被引介到欧洲。相传早在14—15世纪的时候，葡萄牙人就把中国和日本的折扇带到了欧洲。扇子传入了西班牙后，由于价格昂贵，仅在上流阶层流通，被视为贵族地位的象征。随着贸易逐渐普及，扇子就成为西班牙佛朗明戈舞者在跳舞时不可或缺的重要道具。大部分欧洲国家在折扇的引进方面都存在类似的过程，即折扇渐渐从皇宫贵族的专属玩物发展成平民社会的时尚风物。到16世纪中叶的时候，折扇开始风行整个欧洲，欧洲人也开始模仿和制作本土折扇。最早生产折扇的主要欧洲城市是意大利的威尼斯，以商人众多而著名的威尼斯同时也是东方国家和欧洲贸易的中心。而法国巴黎则在此后迅速成为折扇设计和生产的中心，并取代了威尼斯的地位。

扇子在英国女王伊丽莎白一世执政时期传入英国。一开始，英国的扇业发展相对法国比较落后，行业资金有限，也未能得到高效的组织。直到1685年，法国国王路易十四废除“南特诏令”，迫使超过5万户新教徒家庭离开法国，大部分后来都移居到了英国，并对移居地的手工业和工商业发展产生了重要的推动作用。这些新教徒移民主要从事家庭制造业，包括丝绸、水晶玻璃、珠宝、家具和折扇等的制作，并通过聘请所在地住民为帮工和学徒的形式，进一步促进了相关行业的在地化繁荣。当时，人们习惯互相赠送镶嵌有珠宝的白色羽毛扇作为礼物。成立于17世纪初的东印度公司助长了欧洲社会对异国情调的追捧。在伊丽莎白一世留下的多幅肖像画中，都有她执扇的形象。她手持的扇子，既有老式的硬扇，上面饰有羽毛和珠宝，也有新式的折扇，防护片上缀有绒球。在她去世之际，其皇室家族清单中就记载了多达27柄扇子。伊丽莎白执政时期主要流行硬扇，硬扇类似于羽扇，多由羽毛制成。除了折扇以外，伊丽莎白女王还收藏了不少印度珠宝和假面。可见，带有东方色彩的装饰品是当时英国宫廷生活的一部分。

17世纪的欧洲则被称为折扇的“黄金时代”，这一时期差不多对应中国的明末清初。在欧洲，折扇已经完全取代了传统硬扇的地位占据主导，其制扇工艺也达到了巅峰，金银、象牙、丝绸和各色宝石等贵重材料都被用于制扇。在法国国王路易十四统治时期，按照当时的礼仪规范，在国王或王后面前，折扇必须保持收拢的状态，这也导致时人争相在折扇两侧的防护叶片上大做文章，精心修饰。值得一提的是，尽管这一时期皇室贵族们已经开始转向折扇，政治地位不高但经济较为富裕并处于上升中的资产阶级新贵仍然偏爱

伊丽莎白一世手执折扇的肖像画（英国国家肖像馆藏）

传统硬扇。在路易十四的赞助和支持下，法国大臣让-巴蒂斯特·科尔伯特促成了各类专业行业协会和组织的成立。1678年，法国成立了制扇协会，该协会的成立进一步巩固了法国作为欧洲制扇中心的地位。按照规定，折扇的彩绘、组装和零售都必须接受协会的管辖，而协会所属的折扇画家也不能独立制作和出售折扇画以外的作品。

英国的家庭作坊式制扇业经过长足的发展，也逐渐合并形成了行业工会。现存一份英国制扇工会于1670年向英国国会提交的请愿书，内容是关于外国进口扇给本土市场带来的危机。为此，英国国会也决定在1672年向进口扇征收关税。由此可知，在查理二世统治期间，英国已经成立了制扇同业公会。1709年，英国制扇同业公会正式确立了为期七年的学徒制，并对价格相对低廉的进口扇实施了限制性的立法措施，在此基础上成立了高名制扇公司，开启了英国制扇产业的光辉时代。被英国扇业视为竞争对手的这些进口扇大部分来自中国，也有一些来自欧洲其他国家。一直到印刷术被运用于制作印刷扇以后，由于制作成本大大削减，英国本土制造的廉价扇子才开始大量出口到欧洲其他国家。折扇也又一次迎来了普及的浪潮，印刷扇尤其受到欧洲社会各阶层人士的喜爱。英国制扇同业公会每年招收约20名学徒，有不少是女性，其中有的女学徒还曾经出版过多达13种的扇子雕刻设计花纹。

在英文中，折扇可以被分为几种类型：一是折叠扇，这种扇子的叶片是用褶皱的丝织品、纸或者羽毛制成的，所有叶片由一组细木棒加以支撑，细木棒的最下端用铆钉联结到一起。有的折叠扇还带有防护片，可以在折叠起来以后起到保护扇面的作用。这种折叠扇也就是非特指意义的折扇。二是百褶扇，这种相对小型的扇子没有所谓“扇面”，完全由6—7根装饰性的扇片组成（和日本早期的木简扇相似），扇片的下端用丝带或者螺钉串在一起。这种百褶扇在18世纪末19世纪初尤其受欢迎，其形制可能渊源于日本桧扇。三是帽章扇，这种扇子没有扇面，完全由扇骨组成，用丝带连缀，打开以后呈圆形。帽章扇的存在，倒是有点接近两宋之际可折叠可舒展却又呈圆形的软扇。有时候，人们也会用掌扇来指称这种折扇。

从17世纪末到19世纪中期，美洲大陆主要从欧洲进口折扇。南北战争以后，美国也开始制作折扇，并在1867年迎来了其本土首家制扇公司的创办。欧美扇业同行之间的交流也愈加频繁。1870年，为提振国内的制扇产业，英国维多利亚女王向由高名制扇公司在南肯辛顿博物馆举办的扇子竞赛捐赠了400英镑。此类比赛之后也不定期地举办，为制扇工艺的交流和创新提供了有益的氛围。

有趣的是，相传在英格兰、西班牙等国家，女性在社交场合都会通过变换扇形来表情达意，并就此形成了一套特殊的符号系统，即扇语。人们普遍认为，在英国维多利亚女王统治时期，上流社会女性所使用的扇子，不仅是一种装饰品，而且和手套、遮阳伞一样，结合固定的手势，可以用来传递一些秘密信息。不过，这种富有情趣的扇语是否为其潜在的接收者和主要对象即男性所了解和掌握，是令人存疑的。

现代研究表明，这种充满浪漫情调的扇语与其说在历史中实际存在，不如说是被建构起来的历史产物。从19世纪开始，法国大革命导致扇子销量的下滑乃至于有被完全弃用的危险，为了更好地贩售扇子，不少制扇厂商就杜撰了扇语系统作为重要的营销策略，借由提倡所谓的“扇子礼仪”，尝试复兴用扇的社会习俗和时尚潮流。比如，1827年，在法国巴黎的扇子制造商和零售商都威勒若埃扇行就推出了一份宣传单，内容就是对时尚女性“扇语”的解码。这一营销手段取得了巨大的成功，该扇行很快就在英国伦敦的知名购物中心新邦德街开设了一家扇子精品店，并成为英国维多利亚女王的供应商。

例如，在这张宣传单所揭示的扇语中，右手执扇置于面前表示“跟我来”，左手执扇置于面前表示“渴望结识”，扇子置于左耳表示“我想摆脱你”，用扇子划过额头表示“你变了”，置于脑后表示“勿忘我”，左手转动扇子表示“有人在看我们”，用右手转扇表示“我心另有所属”，慢

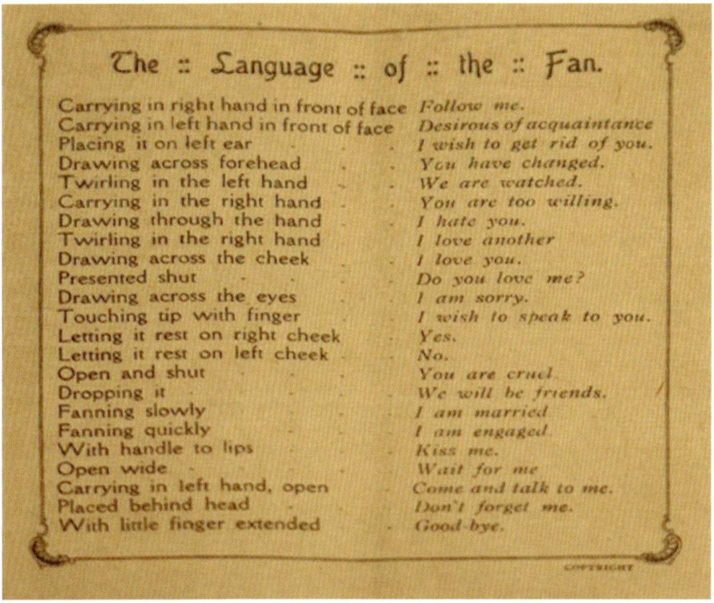

The :: Language :: of :: the :: Fan.

Carrying in right hand in front of face	*Follow me.*
Carrying in left hand in front of face	*Desirous of acquaintance*
Placing it on left ear	*I wish to get rid of you.*
Drawing across forehead	*You have changed.*
Twirling in the left hand	*We are watched.*
Carrying in the right hand	*You are too willing.*
Drawing through the hand	*I hate you.*
Twirling in the right hand	*I love another*
Drawing across the cheek	*I love you.*
Presented shut	*Do you love me?*
Drawing across the eyes	*I am sorry.*
Touching tip with finger	*I wish to speak to you.*
Letting it rest on right cheek	*Yes.*
Letting it rest on left cheek	*No.*
Open and shut	*You are cruel.*
Dropping it	*We will be friends.*
Fanning slowly	*I am married*
Fanning quickly	*I am engaged.*
With handle to lips	*Kiss me.*
Open wide	*Wait for me*
Carrying in left hand, open	*Come and talk to me.*
Placed behind head	*Don't forget me.*
With little finger extended	*Good-bye.*

COPYRIGHT

法国扇子制造商和零售商都威勒若埃扇行推出的扇语宣传单英文版

从图中可见，扇子、执扇之人与扇语接收对象构成了一个独有的情境，形成了特别的符号体系。大部分的所谓“扇语”都限定在男女传情表意的范围之内

慢扇动扇子表示“我已结婚”，快速扇动扇子表示“我已订婚”。从这些例子不难看出，大部分的所谓扇语都限定在表达男欢女爱的范围之内。在这种独特的符号体系内，扇子被视为卖弄风情、表情达意的关键道具。

扇语的“被发明”，让它成为一种持久的表意系统，并在创作表达中被辗转沿用，经久不衰。英国著名剧作家奥斯卡·王尔德在1892年的戏剧《温德米尔夫人的扇子》中就用到了扇语的创意。对此，剧作家约瑟夫·艾迪生曾发表带有讽刺意味的评论：“女性用扇子作为武装，就像男性用剑作为武装一样。”生活在18世纪的社会名流应当知晓如何优雅地用扇子来表情达意，原本就是被过分夸大的事实。

不过，扇语的存在也并非完全是杜撰的。18世纪的欧洲有闲阶层在聚会时，曾经流行玩一种叫“扇语”（fanology）或“会说话的扇子”（speaking fan）的游戏。在游戏中，扇子的两侧分别印有问题和答案，需要参与者仅运用手势在聚会上进行“对话”完成游戏。这种游戏类似于17世纪金银工匠在饮酒时创制的一种博弈玩乐方式。在17—18世纪，扇子也的确是让部分女性更加风情万种的加持用品。后来的制扇商推出女性专属的扇语，倒也不是完全的空穴来风。但是，附加在扇语上的这种性别意识绝大部分仍然是被建构的产物。一直到19世纪中叶，扇子也始终受到大量男性使用者的欢迎，而不是女性的专用品。到1750年的时候，法国巴黎的制扇作坊已经超过150家。而从18世纪初开始，在婚礼、葬礼等重要纪念活动场合，出现了婚扇和丧扇，人们参加聚会、观摩歌剧或参加其他社交活动时，扇子也始终是出镜率极高的时尚单品，在欧洲人的日常生活中扮演着相当重要的角色。

传统制扇行业原本是典型的劳动密集型产业。在19世纪中叶，英国发明了一种固定扇叶的机器，制扇生产率提升了百倍之多。不久之后，又发明了一种能够切割和穿刺扇骨的机器，进一步提升了制扇的质量。在工业技术演进的过程中，扇子和其他日常生活用品也产生了许多融合。比如，人们用扇子来收纳鼻烟盒和歌剧望远镜，扇子的流苏可以隐藏香水瓶和小药瓶，扇子还可以变身为助听器、卡片包、气压计、温度计等。

在19世纪后期，甚至产生了一种脚踏扇，女士们可以一边操作这种扇子，一边绣花或者阅读。在英国和布尔人在南非的布尔战争结束后，来自南非的鸵鸟羽毛成为进口扇的新宠。19世纪末到20世纪初，作为和晚礼服相称的佩饰，羽毛扇又重新流行起来，这些用鸵鸟毛或蜂鸟毛制成的扇子五彩斑斓，和人们的宫廷装相得益彰。伴随20世纪初埃及考古发现的进展，印有埃及象形文字的扇子又一度成为时尚潮流。20世纪初的时候，欧美各国推出了广告扇，涵盖酒店、商场、剧院、展览、旅游和时尚等内容，这些大批量生产的广告扇一直到20世纪40年代才逐渐销声匿迹。第一次世界大战期间，欧洲大陆还盛行过带亮片的扇子。一战之后的经济大萧条以及此后的二战，对欧洲大陆的所有扇业都造成了毁灭性的打击，曾为上流社会女性习用的扇子几乎退出了历史舞台。

一战结束之后，由于女性客户的大量减少，英国高名制扇公司拓展了对机械扇的研究。1939年，英国高名制扇公司正式确认机械扇的现代工艺符合公司的长远利益，并对研发机械扇给予了大力支持。这种新型机械扇被大量用于通风排气和调节温度，后来又被用于飞机的发动机。事实上，早在文艺复兴时期，达·芬奇就曾经设计过两种风扇，一种是利用不断上升的热气流产生动力，一种是通过弹簧发条进行驱动。到16世纪，糟糕的通风状况对煤炭、金属和其他矿石的开采造成了不良影响，于是就催生了最早的通风系统，日后逐渐发展为更为复杂的气流系统，气流驱动的风扇则为机械扇的发明创制奠定了基础。如今，英国高名制扇公司已经作为一家空调相关产业的供应商而闻名于世。

在埃及法老图坦卡蒙墓穴中发现的扇子，让人们感受到了日常经验跨越数千年的某种相似性，意识到普通人真实生活的连续性，也昭示了全球扇文化的普适性。欧美大陆扇业工会的创设、商业贸易的发展和工业博览会的交互，促进了同业之间的竞争、创新和繁荣。从折扇的制造到机械扇的发明，制扇技艺的演进同样见证了人类文明史的演化，勾连了传统和现代文化，彰显了人类社会无处不在的智慧之光，超越时间的在场感在当代社会得以持续。

亚历山大·罗斯林《戴面纱的女士》（瑞典国立博物馆藏）

社会风尚和装饰艺术互动视域中的欧美扇绘

由于扇子的流行恰逢欧洲的启蒙时代，伴随着欧洲社会在科学、艺术、工业等各个领域的全面觉醒，扇子也成为文化复兴的重要载体之一。从宗教古典图绘到漫画卡通，从历史事件到政治讽刺，从百科全书到自然风景，扇面内容可谓包罗万象，是对当时欧洲社会文化生活的全面的立体的鲜活呈现。

在文艺复兴时期，欧洲主要流行硬扇。当时的硬扇普遍采用饰有珠宝的球拍型手柄，或者是可以插入到扇面的手柄，并附有带异国情调的羽毛。在英国伊丽莎白女王的藏品中，有白羽扇，也有黑色的、橙色的羽毛扇。这种扇子不仅是时装佩饰，而且也是身份地位的象征。一位名叫约翰·奥布里的作家曾经撰文回顾伊丽莎白一世统治时期的扇子：

那位绅士拥有令人惊叹的扇子，就像能在老照片里看到的那样，它似乎是用来打羽毛的工具，有一根至少半码长的手柄。他经常用这些扇子来教训女儿。首席大法官爱德华·库克爵士巡回的时候就会用上这么一柄扇子。杜格代尔先生看到后告诉了我。曼彻斯特伯爵也用这么一柄扇子。父母也会挥舞扇子叱责女儿们，以此培养她们成为完美的女性。

从这位传记作者的笔触中可以看到，扇子不仅是英国大法官、爵士们等政治身份地位的表征，也是社会家庭中父权的象征。此外，尽管硬扇经历了由盛转衰的发展过程，它后来还曾经以防火扇的身份发挥作用，从未完全退出过欧洲市场，并在英国维多利亚时期迎来复兴。所谓防火扇，通常在室内火炉边或室外阳光下使用，用来防止喷溅的火星或阳光直射。

而在文艺复兴的发源地——意大利，硬扇的样式有所不同，被称为“旗扇”。“旗扇”由一块长方形的扇面和手柄组成，手柄就像旗杆那样插入到扇面的边缘中。在挥动扇子的时候，矩形的扇面就会围绕手柄旋转，和挥舞一面旗帜相类似。

16世纪中叶，几乎所有的欧洲法院都用上了羽毛扇，当时羽毛扇的地位几乎和手套等同，也被用作向皇室进贡的礼物。这一时期传世的羽毛扇大多出自知名设计师之手，由黄

安东·凡·戴客《持扇女子》（美国国家美术馆藏）

金和珠宝打造。直到20世纪，羽毛扇尤其是鸵鸟毛制成的羽毛扇，仍然在欧洲宫廷生活中占有一席之地。

到16世纪末，折扇作为昂贵的进口商品从东方传入欧洲大陆。一开始，欧洲大陆仿制折扇的技术还非常粗糙，工匠们只能在学习和试验中摸索着适应折扇尺寸的配件。此时欧洲大陆生产仿制的折扇，尺寸通常在8到9英寸之间（约23厘米），展开以后可以达到16到18英寸（40—50厘米）。若尺寸过小，对扇面和扇骨的处理则需要更加谨慎对待，制作难度也随之增加。

在17世纪初持有折扇的女性肖像画中，折扇展开的角度往往是固定的，开合程度在35度到45度之间。欧洲制扇商并未刻意仿制折扇，仍以硬扇的生产为主。受制于产业的发展，英国扇和荷兰扇的品相较差，而法国和意大利所产的扇子品质略优。此一时期，硬扇扇面的大小和手柄的长度也标准不一，各不相同。而且，这些硬扇已经有了折叠扇（pleated fan）和百褶扇（brisé fan）之分。折叠扇所具有的共同特征是，匠人会把手柄插入扇面之中，扇面由丝绸、上好的山羊皮或牛皮纸制成，偶尔还带有云母的光泽，扇绘也逐渐有了正反向背之分，正面的主题和反面的装饰画明显不同。扇子的防护片材料各异，常见的有象牙、木头以及其他适合用来雕刻和油漆的材料和饰品。而百褶扇的扇片直接构成扇面，有木制的扇片，也可以用丝绸包裹的硬纸制成扇片，在下端固定即可。

18世纪中叶，法国最流行的扇绘主题是田园主义的浪漫风情，扇面展开的角度也从18世纪初的120度左右变成了几乎呈半圆状。扇面多以浅色调作为基底，而扇骨的重要性也更加凸显，扇骨大多用象牙或珍珠母制成，更富有装饰性。与此同时，荷兰一地流行的扇绘也以田园风光为主，画面相当精致，主色调多为浅绿色和蓝色，扇面整体由小变大。在法国大革命前夕，皇室贵族等特权阶层和现实生活的脱节越来越大，扇面描绘贵族生活的精致排场，同时也充满了对美好乡村田园生活的憧憬和幻象。

大约在18世纪中后期，欧洲扇的形状和设计都发生了较大的变化。法国扇往往绘有粉红色面孔的矮胖人物，而英国扇则喜用经过漂白的、精雕细琢的象牙扇骨，扇面多绘大朵大朵的松软牡丹花，并且通常用金色勾边。大多数的荷兰扇以《圣经》故事或田园风光为主题。当时的欧洲教堂，在教徒祈祷的时候，女性多持扇而男性多持帽。扇面上的古典主题能够为难以避免的社交谈话提供素材，所以在扇面上绘制希腊罗马神话故事题材，成为一种时尚，有时扇绘上的爱情故事也传递出浓厚的浪漫气息。

从18世纪60年代开始，英国出现了幻视扇。幻视术，原本是一种艺术表现技巧，通过使用逼真的图像来构建视觉上的错觉显像，让观者以为这些对象存在于多个维度之中。这种技术很早就被用于建筑领域，但直到17世纪才大量被运用于荷兰的静物画中。这种幻视扇追求错综复杂的画面设计，

幻视扇（英国菲茨威廉博物馆藏）

扇面绘有相框、钟表、书本等物，看起来立体逼真，层次丰富

习惯把美食、钟表、书本、乐器、乐谱等各类物件都同时置于画面中，并饰有蕾丝花边，在扇面的另一侧往往还会附有伪装的签名。幻视扇的问世，迎合了当时英格兰社会对“教养”（polite）这一文化成就的展示需求，也展现了人们丰富的日常消遣和休闲生活。1777—1778年，英国制扇工会允许其成员在扇面上绣花，导致扇绘上的人物数量普遍减少，而刺绣装饰物等有所增加。

在18世纪70年代的意大利，大部分扇绘主题集中在历史遗迹，并保留了庞贝时代的装饰图案。扇绘往往也反映了和时事之间的联动。比如，法国造纸商孟格菲兄弟1783年举行第一次热气球试飞的场景就曾经被印刷在折扇扇面上，此外，诸如国王加冕典礼、法国大革命、英荷战争等富有纪念意义的重大历史事件也都曾出现在扇面上。充满宗教元素的绘画曾经是扇绘的大宗，随着时代的发展，扇绘的主题变得越来越多元化和日常化。

纪念热气球升空事件的折扇

1783年第一个载人热气球在法国升空，这柄扇子即为纪念这次盛事而作。扇骨上绘有热气球升空场景，扇面镂空处装饰有热气球模样的小物，构思巧妙，制作精美

在法国大革命时期，印有政治口号的廉价印刷扇非常受人欢迎。在拿破仑统治时代，用亮片装饰的小型丝绸扇、玳瑁扇和象牙扇价格低廉，较为普及。随着制扇工艺的演进，制作商也推出了质量上乘的扇子，比如扇骨带有铰链的扇子，上面雕刻的人物可以移动，也产生了一种相对朴素的新型硬扇，由印刷扇面和单根手柄组成。

18世纪末，印刷术的进步也为制扇工艺的更新创造了有利条件。一种新型“备忘扇”应运而生，扇面印有各种百科内容，有的是生活指南，有的是花卉植物等，不一而足。随着欧洲大陆中产阶级队伍的扩大，这些内容丰富的印刷扇更加风靡一时。

19世纪的制扇工艺又有极大的提升，扇子也越来越精美。从尺寸上来看，为了适合放进人们的口袋，扇子变得越来越小巧，最受欢迎的材料是丝绸、亮片、象牙和玳瑁。然而，这些外观上的精美装饰恰恰削减了扇子的实用功能。与其说人们是用这些美观华丽的扇子来纳凉，不如说它们更像是时装的一个必要配饰。在19世纪的初期，古希腊风尚备受追捧。而从1825年到1840年，怀旧的浪漫主义主题又成为扇绘的新宠，扇面色调柔和明亮。此后，印刷有17—18世纪历史场景、人物事件的折扇抢占了市场，扇面用色强烈，极为鲜艳。当时欧洲也一度非常流行用窗帘等制作服装，不少人开始用礼服布料的一部分制成扇子，扇子正好可以和礼服相匹配。

19世纪的扇史还发生了一个重大的变化，那就是欧洲大陆开始为精心设计的各色扇子申请专利。关于本土扇子的权力保护，其渊源可以一直追溯到英国制扇同业公会初创时期，该公会由于感受到进口扇对本土市场的威胁而提出征收关税的请求。当时盛行的众多国际展览也为扇子制作和贩售提供了绝佳的展示平台。1851年，英国在水晶宫首次举办万国工业博览会。其中，机器刺绣在博览会上首度亮相，并与人工刺绣产生竞逐，机器刺绣的技艺也成为19世纪70年代不少礼服和扇子制作行业的一大特色。许多扇业相关的制造商、广告商和展览商也正是从水晶宫博览会以及此后在欧美举办的各类扇子展览中获得了产业存续和发展的机会。

据《荷国都城衔奇会章程》所云：

> 光绪八年，大荷驻扎中华便宜行事秉权大臣费为特行告白事，照得前于光绪七年九月三十日，即西历一千八百八十一年十一月二十一日，曾经颁发告白声明，本国设立衔奇工会于中国，光绪九年三月上旬开会，起至九月下旬止，即西历一千八百八十三年夏季起，至秋季止……南北省细琢各样，玉器各色宝石，广东金银文饰各物，牛庄蒲扇、油纸扇，汉口翠扇，上海各样绢扇、纸扇，宁波纸扇、油扇，台湾木叶扇，汕头蓬州竹制纱扇，广东羽毛扇、纸扇、绢扇、粗细葵扇。

可知，从1883年夏天到秋天为止，荷兰曾经举办过衔奇工会（即博览会），在此展览上就展出过来自中国各地的特产，其中扇子制品的种类尤为齐全且丰富。

19世纪下半叶，西方美术史也迎来了新的突破，即印象派的诞生。不少先驱的印象派画家，甚至是后印象派画家，都喜欢描绘扇叶，他们的构图也经常受到日本艺术和文化的影响。比如，法国画家埃德加·德加，深受日本浮世绘版面的影响，并十分迷恋日本扇画。在他创作的舞者系列的扇面画作品中，他总是采用出人意料的视角，以及去中心化的构图方式，来表现舞者梦幻般的光色，而弧形扇面则加剧了绘画本身的不平衡感和动感。

埃德加·德加《舞女》扇面画

埃德加·德加被誉为最善长画舞女的画家，他的这幅扇面作品与他的其他同题材画作风格不太相似，在版面上受日本浮世绘影响，弧形扇面成为绘画布局的一部分

扇子的形制变迁不仅和美术史、艺术史息息相关，也受到时装文化的深刻影响。19世纪末欧洲社会开始流行宽大的羊腿袖，与之形成呼应的扇子尺寸也逐渐加大。此时的一些折扇打开以后，跨度甚至可以达到30英寸（约76厘米）。虽然在实际生活中，如此巨大的扇子显然并不方便用来招凉生风，但由于日本艺术和文化在欧洲掀起的狂潮，在当时的剧院演出中，这样的扇子很是常见。

到20世纪初的时候，尽管时尚产业开始全面、蓬勃地发展，扇面设计却陷入了低谷。因为在很大程度上，扇子的高价值不再表现为制扇工艺的高超，而是体现在其附加的珠宝和贵金属等装饰物上。而时尚的套路总是不断重复，当人们的穿着重新变得轻便起来，扇子的尺寸也随之缩小。价格相对低廉的扇子一般由木制扇骨制成，变成一种不经用的易耗品。不过，广告扇却是其中的异类。当时的广告扇一般出自知名酒店或时装设计师之手，其原创性和主题的多元性直到现在仍具有收藏价值。18世纪一度流行的模仿画和花卉主题画再次盛行，扇面色调柔和，以纸和绢为主。然而，一战的硝烟摧毁了扇子作为时尚配件赖以依存的平和环境，悠闲雅致的生活方式也一去不返。从20世纪30年代开始，扇子不再是时尚佩饰，而被降级为“祖母级”的用品。人们在婚礼仪式或充满异国情调的电影中偶尔还会使用扇子，但在平日外出时不再携带扇子。在欧美人眼中，扇子意味着和远东地区以及维多利亚时代的微弱联系，并不那么“现代”。制扇商以生产广告扇为主，但即便是广告扇，其制作水准亦无法和20世纪初的同类产品相提并论。

而在艺术领域，扇绘和创新艺术样式的互动从未停止。“新艺术风格”是伴随“新艺术运动”产生的席卷数个艺术领域的一种现代装饰风格。该艺术风格表现出与传统装饰艺术决裂的倾向，趋近于自然装饰，崇尚曲线形态，同时也致力于探索新材料和新技术的叠加效果。1925年，法国巴黎举办了世界博览会，此次世博会的主题即是“装饰艺术与现代工业”。比如，下图中的折扇就是20世纪初“新艺术风格”

折扇（法国国际设计博物馆藏）

该扇制作时间在1901年左右，探索的是不同材质、不同风格的纹饰在折扇制作中的可能性

在扇绘领域的呈现，扇面为丝绸所制，附梭织花边，并且缀有闪亮的金属片，扇面两侧的保护片呈波浪形，扇骨由玳瑁制成，图案是优雅的花卉主题。

扇绘往往折射出艺术领域的新动向，是视觉艺术与时俱进的观察载体。比如，在20世纪20年代，欧洲曾经一度流行“东方主义”，追捧中国、日本和土耳其等艺术样式的某种融合，同时也重新诠释了中东和北非的设计美学。艺术领域的“东方主义”正是由设计师、画家和艺术家等创意人群付诸实践的。下图中的这柄扇子即为“东方主义”扇绘的典

折扇（英国扇子博物馆藏）

“东方主义”扇绘，在这柄扇子中具体体现为中国传统的彩绘扇骨、身穿奥斯曼风格服饰的东方女郎及充满东方风情的画面氛围

型，扇骨为彩绘骨棒，扇面展开后呈气球形，由双层纸构成，所绘女子则穿着奥斯曼风格的服饰。

进入21世纪以来，先锋实验艺术领域对扇文化的创新影响仍处于进行时的状态。比如，有的艺术家尝试嫁接百褶扇和折叠扇，制作成叶片长短不一的融合型扇子，有的则将极简主义和装饰艺术相结合，用垂直的立方体和圆圈来表现扇面叶片的折痕和形状，有的将街头卡通涂鸦引入到扇绘之中，利用新材料和新图式探索突破传统扇绘的可能性。

欧美人更倾向于将扇子视为一种昂贵、美观的时尚配饰，除诸如西班牙等南欧个别国家和地区外，受气候环境的影响，扇子在欧洲大陆往往也很难发挥其引风纳凉的实用功能。这就导致欧美人不太会把扇子当成严肃的艺术品来对待，也鲜少刻意去保存和珍藏这些扇子。所以，尽管在数百年以前，欧洲扇子的制作工艺曾经达到过艺术品的水准，但大部分的制扇技艺早已失传了。而在中国和亚洲其他地区，制扇工艺一直被视为一种艺术样式得以保存至今。这是欧亚大陆看待扇子的视角和文化差异所在，也是扇文化植根于不同土壤所发生的特异性流变。在当代西方社会，扇子逐渐淡出人们的视野，尽管在一些欧洲的皇室婚礼等场合仍然会推出纪念扇，扇子已不再是人们出行必备的生活物品，而仅在古董收藏家那里享有交易流通的可能性。不过，扇子在欧美文化和装饰艺术发展进程中曾经扮演过非常重要的角色，和现代艺术、时尚领域的联动也从未止歇，它在未来的综合性文艺活动中所具备的丰富可能性也更加令人期待。

东方奢侈品：外销折扇在欧洲

葡萄牙人在16世纪末获得了东西方海上贸易的主导权，用强大的海上军事力量谋取商业利益。从17世纪开始，荷兰人除了进口成扇之外，也开始进口制作成扇的配件材料，包括檀香木、珍奇羽毛和玳瑁等。成立于1600年的首家英国东印度公司也不断进行海外扩张，在印度海岸线沿岸设立据点，并迫切地想要在和亚洲国家的贸易中分得一杯羹。到17世纪中叶，英国东印度公司已经拥有了将近30个用于贸易的仓库和工厂。1698年，第二家英国贸易公司成立，并在1708年和首家东印度公司合并，且以广州作为其突进中国市场的前哨基地。广州的地理位置和地形优势使之成为中国沿海地区开展对外贸易的首选地。每年的6月到9月，西南季风可以让来自英国和印度的贸易商船轻松穿越印度洋、阿拉伯海和中国南海。而到了次年1月份的时候，东北季风又可以让帆船毫不费力地回到印度和英国。也就是从1700年开始，东西方贸易活动的中心从澳门转移到了广州，使后者成为此后两百年开展中西海上贸易和文化交流的枢纽城市。1684年，清王朝曾经废除海禁，实行开海贸易，并设立多个海关。然而到了1757年，清朝乾隆皇帝实行锁国政策，只准许广州一口通商。而在此后的一百年中，广州十三行所缴纳的关税收入占到清朝全国税收的40%。1822年，广州十三行一带有5000多家专营外销品的店铺，从事外销产品生产和制作的工匠达到了25万人之多。通过这些数字，已可一窥广州口岸对外贸易之盛状。

1793年，英国马戛尔尼使团来华，希望通过展示英国工业革命的成果，为英国争取更多的贸易特权。这些带有示威性质的礼物却被视为小儿科的玩具，英国使团提出的扩大通商的要求也遭到乾隆皇帝的拒绝。使团中的一员巴罗在他的访华见闻录《中国行纪》中特别提到中国制扇工艺的先进：

> 他们达到最完美程度的工艺，当数象牙雕刻。在这项技术上他们没有匹敌，据我所知，甚至伯明翰，这技术和工业的大摇篮，都试图仿效中国产品用机器雕刻象牙扇和其他物品。但产品至今仍未达到可与中国竞争的高度。没有比中国扇子展示的细工透雕更精美绝伦的了。扇杆看来是用手工单个雕刻成任何需要的形式，或

中西融合风格的象牙折扇（美国大都会艺术博物馆藏）

专供外销的扇子与中国传统扇有着明显区别，它们色彩更加艳丽，纹饰更加多样。这幅扇面整体由象牙薄片制成，上有两幅西方人物画，中国风的镂空纹饰和西方绘画风格融合在一起，体现了文化间的交流

者是有徽章的盾，或者是人和物，成品按细腻的图样完成。两根外杆满是凸露的透雕，其制作方式只有手工技术才能完成。但在广东可用5—10个西班牙元宝买到这些最精美的扇子。

不少来华的海外商人除了买卖货物以外，也会从广州购买一些伴手礼带回欧洲。来自中国的瓷器、漆器、丝绸、茶叶等限定产地的原料产品和手工艺品受到了欧洲大陆上层社会的广泛喜爱。尽管也有肆虐的台风、凶残的海盗和非本国军舰等的威胁，但由于一次成功的贸易航行可以为商人带来400%到500%的利润，仍有无数商人为之前赴后继，并通过改良船只的大小和稳定性攫取更多利润。

从18世纪开始，中国和日本就大量向欧洲出口扇子。总的来说，外销折叠扇和中国本土折扇在细节上有很大的区别。最重要的是，这些扇子是专为外销出口到欧洲大陆所制作的，因此其贩售对象是限定的，和国内市场流行的折扇不同。当时，英国的东印度公司从中国广州进口了成千上万的扇子，并迅速占据了英国国内市场。中国外销扇和英国本土扇之间的激烈竞争，不仅导致了进口扇法案的颁布，而且也催生了混合样式的新品折扇。

如左图所示，这一柄在18世纪中叶制作的外销折扇具有典型的融合装饰艺术风格。该扇为象牙百褶扇，扇面由中国风的镂空花纹的象牙薄片构成，两侧带有防护片，在扇面上粘贴有三幅图片，图片所绘则是英国古典主义的田园风光。类似这种兼具中西艺术风情的折扇，一开始是在中国制成，通过海上贸易抵达欧洲大陆以后，由当地人对扇子进行装饰后再出售。

由于这些外销扇大多以广州为贸易口岸出口，尽管外销扇的常规贸易从17世纪就开始了，但到19世纪中期，欧洲才掀起了一股中国折扇热。当时的欧洲人尤其是欧洲时尚人士，往往非常推崇服饰、发型、建筑以及景观之中带有的东方色彩的异国情调。其中，法国著名的陶瓷收藏家阿尔伯特·雅克玛特率先使用了Mandarin一词，用来指称来自中国的瓷器。而外销的“中国扇”上绘有色彩鲜艳的图案，和中国瓷器一样备受欧洲收藏家的青睐。不过，这些被称为“中国扇”（Mandarin fan）或“广州扇”（Canton fan）的扇子也有相当一部分是由东南亚其他国家生产的。

从18世纪到19世纪，广州的工匠将具有中国风的工艺品和西方美学相融合，制造了一大批中西混合风格的扇子。比如，折扇扇面上既有西式庭院，也有中国人物，既有西洋花卉，也有祥瑞纹饰。不过，这些融合东西方绘画工艺风格的作品也不能完全归功于本土的工匠，相当一批海外侨民画家作为“艺术移民”对此亦与有功焉。比如，英国画家乔治·钱纳利长期在澳门生活，就是当时很著名的一位外销画侨民画家。这些外销画家虽然处在主流艺术圈的边缘位置，但也将油画技法引介到了中国。广州本地的画师逐渐习得西方绘画技法，并将之融入对“中国趣味”的扇面画的创作之中。画家的彼此影响，加上岭南文化的表现，搭配广州一地特有的广雕、广绣等传统工艺，共同造就了美轮美奂、经久不衰的广州外销扇。

从目前传世的外销扇来看，扇骨包括各种颜色的象牙、檀木、玳瑁和漆木，扇绘多为双面，内容涵盖自然景色、亭

象牙镂雕扇柄花卉人物纹团扇（广州十三行博物馆藏）

象牙扇骨有 51 片，雕刻花卉、宝塔、几何图样，扇片之间用缎带串结，制作精美，工艺高超，堪称广州十三行博物馆的镇馆之宝

台楼阁、宗教符号、神话人物、历史事件、生活场景等。其中，有些扇面上的人物脸庞是用象牙制成的，人物的服饰则是用丝绸制成的。漆木是当时外销扇扇骨最普遍的材料，而象牙材料主要是从东南亚和非洲进口到中国，明朝时期的中国广州不仅是象牙产品的制造中心，而且也是外销手工业产品的贸易中心。在这些折扇的外缘，一般有彩色包边，多为花卉或符号纹样。清王廷鼎《杖扇新录》云："（折叠扇）骨用湘妃、桃丝、乌木、檀香、象牙、玳瑁、一切珍奇之品。"扇骨材料的更新也刺激了外销折扇的输出。广州出口的象牙、玳瑁折扇属于折扇中的百褶扇，没有纸或绢制成的扇面，而是直接由象牙或玳瑁的扇片构成，有时扇片上还会有镂空雕刻的花纹。

象牙扇是欧洲人渴慕的东方奢侈品的首选，其品类涵盖了折扇、团扇和羽扇等，有的仅是扇骨由象牙制成，扇面则是羽毛、刺绣或纸面，有的则是全扇皆由象牙雕刻而成。象牙扇的流行时间很长，几乎跨越了整个外销扇的历史时期。广州十三行博物馆收藏了大量的19世纪末到20世纪初的外销扇精品。其中，有一柄象牙镂雕扇柄花卉人物纹团扇，全扇共有51片象牙扇骨，展开后，扇面上又有花卉人物图纹，薄如蝉翼，堪称精美绝伦，不仅是十三行博物馆的镇馆之宝，而且其巨幅海报也被悬挂在博物馆大楼的正面。前文提到过，这种可以收拢的团扇也被称为"帽章扇"，由于取材不易且价格昂贵，仅在18世纪末19世纪初出现过，传世极少，是外销扇中的珍品。早期的帽章扇由扇面和单独一根长条状的扇柄组成，而十三行所藏的这柄帽章扇，扇柄发展为两侧的剪刀状，时间相对靠后一些。

和象牙扇相比，玳瑁扇和黑漆描金扇的热销期较短，从19世纪早期开始的短短五十年内，曾在欧洲大陆风行一时。其中，玳瑁扇的材料非常珍贵又稀少，所以较少单独制成百褶扇，而是经常搭配羽毛、广绣等扇面。此外，檀香扇则以其重量轻、气息自然宜人而闻名，外销的檀香扇穿孔技术非

玳瑁骨彩绘花鸟羽毛折扇（广州十三行博物馆藏）

玳瑁是一种珍贵的扇骨制作材料。此扇羽尾与玳瑁扇骨同色同纹，上绘彩色花鸟，饱满丰盈，惹人喜爱

清代黑红漆凤纹开光人物折扇（广东省博物馆藏）

绢本扇面彩绘官邸家居生活场景，扇骨开光处描绘郊外文人雅集图，四周辅以花蝶、钱币图案，两片边骨绘花卉、庭院、人物图案，人物栩栩如生；此扇集绘画、刺绣、髹漆工艺于一体，布局颇有巧思，展现了高超的制扇技艺

常复杂，经常用缎带束在一起，并被视为进行东方式冥想时最合适的用具。

广东省博物馆在2018年年底曾举办过一场题为《风·尚——18至20世纪中国外销扇》的专场展览，共展出了163件/套的外销扇展品，并辅以欧式礼服、外销披肩、外销首饰，来表现外销折扇对欧洲社会风尚和流行服饰的全面渗透。

和面向国内市场的折扇相比，外销折扇是出于外销的目的进行生产和贩售。为了迎合欧美人士对异国情调的想象，色彩搭配往往非常艳丽，彩绘画面极尽奢华繁复，具有极强的辨识度。而明清以及近代的国内市场，虽然对扇子的制作工艺也有更加精细化的要求，但在色彩和样式方面从未有过如此“鲜明”的表达。著名文学理论家与批评家萨义德曾经提出过“东方主义”的后殖民理论，而关于这一概念的延伸性概念“自我东方主义”，意指迎合西方想象东方的方式来想象自我。可以说，为了打开销路、赢得市场，外销折扇把塑造东方的异邦意象作为营销手段，把岭南民俗风格和西方绘画的审美风格融汇在一起，主动构建“中国扇”或“广州扇”的文化表象，在历史的无意识之中曾经陷入过一场“自我东方主义”的幻象。尽管如此，这幻象的结果是如此瑰丽，在全球扇文化史上也都留下了浓墨重彩的一笔。

关于19世纪末广州出口扇子的盛况，还可以在近代文献资料中找到相应的佐证。比如，杞庐主人《时务通考》卷十七：

> 出口土货：本省土产以及制造各物销流各处，年胜一年，如磁器、扇子、地席、食物、丝、糖各件，

> 粤中所制磁器，可赛泰西之物，内有精致极细者，亦有平常粗用者，只因工本较贱，善于营运，商人贩至外洋各国，获利不少。扇子一项，本年出口件数约有一千一百万把之多。制造此货所用物料，有棉丝、毛纸、竹木各等项，概由人工精巧之故。

据此所记，在清光绪二十一年（1895年），广州一地仅出口扇子就达到了1100多万把，数量可谓惊人，这不仅揭示了清末广州扇子出口的真实盛状，而且也反映了当地扇业产能的强大。

1897年《集成报》译自《大阪朝日新闻东报》云：

> 日本去年输出扇子二千二十八万七千八百七十二把……销路以美国为最，英法次之。去岁扇价较前增十分之二，扇骨涂青色或褐色。上等扇骨用金水画，下等扇输于美国者，每把值六个钱至二三百钱不等，输欧洲者，每把值二百至八九百钱不等，输出中国用象牙者少。

可见，日本在19世纪末出口欧美的扇子数量也非常惊人，年出口量达到两千万柄以上。

日本扇和中国扇存在着比较明显的竞品关系，其实这种同业竞争也并不限于扇品。比如，《中华民国商业档案资料汇编（第一卷）》“中日商品在欧洲的销售情况”一文就介绍了日本贩售到欧洲的产品以及中国扇在欧洲的售价：

> 日本人贩去之竹器，为折扇与日伞二物。折扇大者，西人以之悬挂壁间，不过为中等社会人家一种陈设之器。小者则妇女夏日用之，或者冬季在跳舞会中亦携带之。其扇有丝制、布制、纸制三种。丝制有绘画者，售华银四五元，无绘画者，二三元；布制有绘画者二三元，无绘画者一元。纸制者最夥，均印以各色绘画，颇能邀彼欢迎。此种纸扇，更有一种用处，即其国各大商店、大咖啡店、大酒店，以之印其本店各种之出品，分赠妇女，以广本店之招徕。扇销售于欧洲市中极多，至纸伞则欧洲中下等社会人家，例以之倒悬室中楼板间，亦陈设品之一耳。

根据此文的记载，中国瓷器最受欧洲人的欢迎，而一套八只的陶瓷茶具，在当时的售价为十七八元，由此看来，扇子的定价并不低。扇子不仅是欧洲妇女冬夏两季常备的日用品，同时也是具有东方色彩的陈列品和装饰物。一直到20世纪初，中国折扇始终受到海外客户的青睐。比如，1922年，上海总商会接到英国伦敦亨弗来公司函件，“兹有法比等国商行，托购大批中国折扇，务希贵会代为搜集各种扇样寄英，以便各商选购”。上海总商会即通知各扇业董事，照此办理。

从19世纪上半叶开始，来自中国广州的进口折扇在欧洲开始流行，到19世纪中后期达到鼎盛，20世纪以后这一风潮才逐渐回落。伴随包括折扇在内的中国生产的大量高品质手工艺品及其他物产流入世界各地而来的巨大的贸易逆差，使得西方各国从全球殖民地中获得的许多白银也悉数流入中国。为了回收这些白银，东印度公司又通过将在印度种植的鸦片卖到中国来收回白银，不过，这就是另外一个故事了。广州的外销折扇通过赫赫有名的海上丝绸之路传播到了欧洲大陆，并以其鲜妍明丽的用色、精雕细琢的工艺、融合多元的趣味，成为东方奢侈品和中国工艺美术风格的典型代表。直到今天，这些饱经风霜的外销折扇仍然令诸多收藏家爱不释手，兼具极高的文物价值和市场价值，而其表现形式和内涵也依然值得细细品味和研读。

流风遗韵：说不尽的扇文化

当人们提到扇子的时候，总会因文化背景、历史情境的差异，联想到不同的意象，召唤起不同的情感。这是因为扇子不仅是各个时代背景下的产物，而且也是长久以来不同地域社会政治、艺术、文化的重要载体，被赋予了强烈的民族情感和文化色彩。每一个关于扇子的习俗背后总有着一段故事、一份情感和一种文化。

扇子在汉魏时期是君子人格的象征。东汉崔骃《扇铭》云："翾翾兹扇，辅相君子。屈申弛张，时至时否。动招清风，以御炎暑。"从屈伸自如的角度阐发了扇子和君子人格的相似之处。傅毅《扇铭》亦云："翩翩素圆，清风载扬。君子玉体，赖以宁康。冬则龙潜，夏则风举。知进能退，随时出处。"同样是从俯仰知时、进退有节的立场表彰扇子和

敦煌莫高窟《维摩诘经变图》壁画

敦煌莫高窟第103室所绘《维摩诘经变图》中，维摩诘坐于胡床上，手持麈尾，探身向前，眼睛有神，口唇微张，似乎在与并未出现在画面中的、前来探病的文殊菩萨机辩，极为传神。六朝僧人讲经，多手持麈尾，既是一种身份的象征，也是一种风度

君子的人格魅力。西晋傅咸有《狗脊扇赋》，此扇因扇柄形似狗脊而得名："盖卑以自居，君子之经。孤寡不谷，王侯修名。尚不愧狗脊之为号，亦焉顾九华之妙形？"认为扇子经常处在卑下的位置，和君子谦逊低调的人格特质是一致的。如前所述，魏晋时期的麈尾扇更是名士风流的外显。

而在谈及团扇的时候，前文曾经提到，团扇和传统的女怨主题有着千丝万缕的联系。王昌龄《长信怨》诗："奉帚平明金殿开，且将团扇共徘徊。"班婕妤以团扇自况寄托宫怨的形象为团扇仕女的扇画艺术埋下了伏笔。杜牧《秋夕》诗"银烛秋光冷画屏，轻罗小扇扑流萤"，栩栩如生地刻画了小儿女提扇扑萤的情思。不过，在明清之际团扇的地位完全被折扇取代以后，它的身份属性又发生了新的变化。多种明人笔记都指出，在明代中期以后，团扇逐渐成为江南妇女乃至风尘女子的专用物件："宋人画仕女止有团扇而无摺扇，团扇制极雅，宜闺阁用之。予少时见金陵曲中诸妓每出，尚以二团扇令侍儿拥于前。今不复有矣。"（沈德符《万历野获编》卷二十六）

不过，明末奇女子如河东君柳如是者又不受此限。陶樑《红豆树馆书画记》卷八记"明吴启明柳如是小像"云：

> 如是丰容盛鬋，右手支颐，左手持斑竹聚骨扇，着藕色长领衣，内衬浅碧衫，下系退红裙，坐短榻上，斜倚檀几，神情散朗，有谢道韫道林下风。

柳如是虽流落风尘，在当时却可与男性名流同科。在这幅据传是明人画家为河东君在拂水山庄所绘的小像中，柳如是一手托腮，一手握持一柄斑竹聚骨扇，斜倚榻上而坐，扇坠流苏自然下垂，尽显风流潇洒的意态。

在传统的婚丧嫁娶活动中，扇子的身影也无处不在。《世说新语·假谲》记载了温峤娶妻的趣事。骠骑大将军温峤丧偶之后，有意求娶从祖姑的女儿，就告诉从祖姑已为此女觅得佳婿，说此人的门第、官位都不比自己差。“既婚交礼，女以手披纱扇，拊掌大笑曰：‘我固疑是老奴，果如所卜。’”礼成之后，新娘放下遮面的纱扇，拍手大笑说自己早就猜到所嫁对象就是温峤。这里的纱扇，就是新娘用来遮面的器具，已经初具后代婚仪却扇礼的雏形。

唐人在举办婚礼时，明确设有却扇之礼，需要新郎新妇共同完成：“近代婚嫁，有障车、下壻、却扇及观花烛之事。”（封演《封氏闻见记》）新妇需要用扇子遮面，等新郎做出一首合格的却扇诗，新娘须回应一首，待双方交拜之后才会把团扇移开。却扇诗和催妆诗一样，都是考验

左为《河东君小像》（美国哈佛大学福格艺术博物馆藏）

此图据传为明吴焯作，图中柳如是坐在榻上，斜倚檀几，手中所握非一般闺阁女性所惯用的团扇，而是一柄较为名贵的“斑竹聚骨扇”，给她疏朗的神情外带来一份英气。这把扇子侧面反映出她在易代之际、风尘之中非同一般的胆识和气魄

新郎的文采，同时也有赞颂婚仪的意义，并让婚仪变得更加高雅。《资治通鉴》记载，唐中宗把韦后的乳母嫁给了御史大夫窦怀贞，并亲自主持婚礼："俄而内侍引烛笼、步障、金缕罗扇，自西廊而上，扇后有人衣礼衣，花钗，令与从一对坐。上命从一诵却扇诗数首。扇却，去花易服而出，徐视之，乃皇后老乳母王氏，本蛮婢也。上与侍臣大笑。诏封莒国夫人，嫁为从一妻。"这里所设的却扇礼虽有故意隐瞒然后取笑的意味在内，但其在正式婚仪流程中的重要性也可见一斑。

唐代著名诗人李商隐《代董秀才却扇》诗云："莫将画扇出帷来，遮掩春山滞上才。若道团圆似明月，此中须放桂花开。"前两句意为，画扇应当藏在闺房深处，而不应当遮蔽新妇的容颜（春山指眉毛），用来为难有才的新郎。后两句则是化用了班婕妤团扇诗的典故，指新人自当花好月圆，静待月桂飘香。

对于却扇礼的来源，说法不一。唐人李冗《独异记》云："昔宇宙初开之时，只有女娲兄妹二人在昆仑山，而天下未有人民。议以为夫妻，又自羞耻。兄即与其妹上昆仑山咒曰：天若遣我兄妹二人为夫妻，而烟悉合；若不，使烟散。于烟即合，其妹即来就兄，乃结草为扇，以障其面。今时人取妇执扇，象其事也。"扇子作为创世神话中兄妹合婚用以掩羞的器具，成为唐代婚仪不可或缺的部分。也有人认为，婚礼仪式中的障面礼是来自北方少数民族的习俗。除了扇子以外，唐人也会用帷帽、皂罗等来遮面。在后世的婚礼之中，用来障面的团扇逐渐被盖头所取代。

以扇相赠的风俗最早可以追溯到西汉。根据《西京杂记》的记载，汉武帝时期，从贫贱之人一跃成为会稽太守的朱买臣，曾经微服返乡，住在官舍里的时候，之前和他关系不错的钱勃看他居住的条件很差，就慰问他并且送了他一柄纨扇。钱勃的善举很快得到了回报，“买臣至郡，引为上

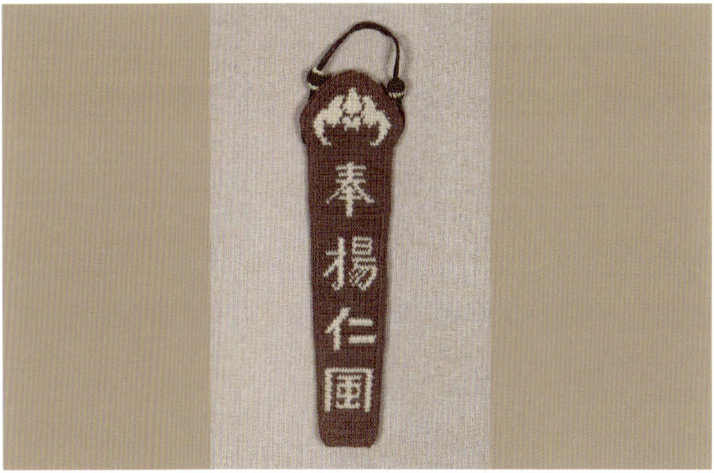

晚清民国“奉扬仁风”扇袋（杭州工艺美术博物馆藏）

常用来收藏扇子的有扇袋、扇盒和扇橱。扇袋亦称扇套、扇囊，是明清时期男子随身携带的重要配饰品，常与荷包香囊、眼镜等并列悬挂腰间。扇袋用织物做成，一般上宽下窄，常以如意头纹样为头部装饰元素，两侧有系（织）带以便悬挂。此扇袋织有“奉扬仁风”四字

客，寻迁为掾史”。而《晋书·袁宏传》记载名士谢安和袁宏以扇子为题的对答一则，成就了扇子在文学史上的一个重要典故：

> 后安为扬州刺史，宏自吏部郎出为东阳郡，乃祖道于冶亭。时贤皆集，安欲以卒迫试之，临别执其手，顾就左右取一扇而授之曰：“聊以赠行。”宏应声答曰：“辄当奉扬仁风，慰彼黎庶。”时人叹其率而能要焉。

袁宏是东晋时期出身世族的史学家，他才华横溢，尤有机辩之才，谢安非常欣赏他。袁宏出任东阳郡守，谢安就趁着和众人一起为他设宴送行的机会，有意当场考验一下他的急智，随手拿过一把扇子赠送给他，而袁宏也不负所望，立即对答如流，由扇子的实用功能发散至施行仁政的道德风化。这一回答不仅直率而且扼要，众人纷纷叹服。自此，仁风也成为扇子的雅称之一。

君主向臣下赐扇，不仅有对后者竭尽忠诚弘扬仁风的寄托，而且也符合辟邪纳祥的节序风俗。端午赐扇的风俗唐代已有之：

> （贞观）十八年五月，太宗为飞白书，作鸾凤蟠龙等字，笔势惊绝，谓司徒长孙无忌、吏部尚书杨师道曰：“五日旧俗，必用服玩相贺。朕今各赐君飞白扇二

枚，庶动清风，以增美德。”（《唐会要》卷三十五）

端午节原有以服玩相赠的传统，唐太宗李世民擅长“飞白书”，就把自己题写的白团扇颁赐给臣下。自此，端午节赐扇就成为传统。宋人高承《事物纪原》据此谓：“推旧俗之语，则知端午之以扇相遗，自唐太宗始也。”又如李肇《翰林志》云：“（翰林学士）每岁内赐……青团镂竹大扇一柄。”由于扇子是御笔书画的绝佳载体之一，又方便携带，可以随时赏玩，后来很多帝王也不拘节庆时日，把扇子作为随时颁赐臣子的物件，比如宋太宗逢暑月即赐下御书团扇：“太宗每当暑月，御书团扇，赐馆阁学士。”（《宋朝事实类苑》引《蓬山志》）宋室南渡后，宋高宗也沿袭了北宋赐扇的习俗，“又写赐经筵官扇，皆取杜甫诗句”（董更《书录》），也有御笔扇画，遍赐内廷馆阁：“前代端午赐扇，内廷戚畹，至于馆阁皆有之。此谖草诗，当时已亡其画，徒存扇背者耳。然戒殢酒祝以忘忧，岂黄发为期之意乎？”（《道园学古录》“题宋高宗书扇面”）而明宣宗朱瞻基是目前存世最早的实物折扇画的作者，亦有端午赐扇的诗作：

端阳节届，天气向炎。朕方咨尔群臣祈修庶政，茂协天时，以成长养之功。兹因赐扇，特赋诗一章以勉之：金笺玉藻绚天光，炎景方中化日长。好播仁风弥六

合，岂徒怀抱欲清凉。（《大明宣宗皇帝御制集》卷四三《端阳赐扇诗》）

沈德符《万历野获编》云："凡午节，例赐臣下扇，各部大臣及讲筵词臣例拜蜀扇，若他官所得，仅竹扇之下者耳。"可见在万历年间，每逢端午节，皇帝赏赐地位较高的重臣和给皇帝讲经的官员一般都是用四川进贡的制作精良的折扇，而其他级别较低的官员只能得到普通的竹扇。

承自以奉扬仁风为代表的赠扇传统，大多都是和政治教化的寓意有关。男女之间的赠扇则又多了几分旖旎悱恻的情思。如晋人王珉与其嫂之婢女谢芳姿私下有情。某一天，其嫂发怒，谢芳姿受到捶打，王珉就上前加以阻止，芳资平时就很擅长唱歌，王珉的嫂子就让她唱一首歌作为赦免的条件。谢芳资应声歌曰："白团扇，辛苦五留连，是郎眼所见。"于是，王珉故意追问这白团扇所赠何人，"芳资即改云：'白团扇，憔悴非昔容，羞与郎相见'"。谢芳姿的才情和机智也可见一斑。（徐陵《玉台新咏笺注》）后来，《团扇郎歌》就被收入《乐府诗集》的吴声歌曲之中。

扇子也是中国传统戏曲舞台的常用道具之一。在小生的行当中，又可以细分为纱帽生、扇子生、翎子生、穷生等。山西梆子戏中有扇子功，通过折扇的各种高难度动作展现人物性格和心情。以扇子为名或全剧线索的剧目也不在少数。清人孔尚任的《桃花扇》即以李香君和明末名士侯方域之间

明代闵齐伋木刻版画《西厢记》卷首（德国科隆东亚艺术博物馆藏）

此套版画为明末闵齐伋所编刻，共有21幅，据考为明崇祯十三年（1640年）六色套印本，是中国版画史上的杰作。上图所展示为卷首，刻崔莺莺画像。画中女子右手执一纨扇，顾盼生姿，为典型的佳人形象

的爱情信物——一柄宫扇，串联起波诡云谲的时代风云和儿女情长的纠葛挣扎。

相传最早舜发明五明扇，是为了向天下人表明广开视听、征求贤能的主张，是天下为公的表征，从五明扇衍化

而来成为舆车制度一环的仪仗扇也逐渐成为皇权至高无上的象征，进一步凸显了扇文化公权力的一面。同时，汉代班婕妤的咏扇诗，则赋予了团扇缠绵旖旎的女性情怀，映衬出团扇出入怀袖、贴身收藏的特点，为其承载私密化的、个性化的情感创造了丰富的空间。不同时代不同人群对扇书扇画以及扇子本身所寄托的种种思绪，也大都在这两极之间往复徘徊。颁赐内廷、集句自勉、来使互赠等，折射的往往是扇子在公共交往领域的联系功能。以扇相挑、留扇相赠则成为明清戏曲传奇才子佳人私相授受、私订终身的常见桥段。而在类似文人雅集、亲友题签等场合，扇子的用途可亲可疏，可远可近，无所不宜，可谓收放自如。

扇子曾经在中国人的嫁娶、消闲、祭祀等文化习俗中占据重要的一席之地。现代电扇、风扇以及空调等新式纳凉工具出现以后，人们在日常生活中使用扇子的场合越来越少。对扇子情有独钟者，或是着眼于扇子的雅文化属性，讲究闲情逸致的生活情调，或对具有美学价值的扇子进行收藏和把玩。不过，长久以来扇子所凝聚的深刻文化内涵和独特精神气质，并没有“随风而逝”：荣昌折扇等制扇工艺已经成功列入我国非物质文化遗产项目；在中外的重大交流活动中，赠扇之风时有嗣响；各地博物馆、美术馆的文创产品中总有扇子的倩影；国家体育馆、上海宛平剧场等的建筑造型皆以折扇为原型……在文学、建筑、时装、美术等领域，扇文化在现实的图景中历久弥新，带给人们更多新的灵感和触动。